Simone Tibert

avec... des jeux

PIERRE BORDAS ET FILS — ELI

© 2003 - ELI s.r.l.
B.P. 6 - Recanati - Italie
Tél. +39 071 750701 - Télécopie +39 071 977851
www.elionline.com
e-mail: info@elionline.com

Adapté de *L'italiano con giochi e attività*
de Federica Colombo

Illustrations : Roberto Battestini
Conception graphique : Craig Cornell
Version française : Simone Tibert

Tous droits réservés.
Toute reproduction de cet ouvrage, par quelque procédé que ce soit,
photocopie, photographie ou autre, est formellement interdite – usage
didactique ou personnel compris – sans l'autorisation des Éditions ELI.

Imprimé en Italie – Tecnostampa Recanati – 06.83.172.0

ISBN 978-88-8148-822-3

Introduction

Le français avec des jeux et des activités est une publication en trois volumes qui s'adresse à des élèves de FLE de tranches d'âge différentes. Structuré sur trois niveaux de difficulté (élémentaire, pré-intermédiaire, intermédiaire), l'ouvrage favorise une maîtrise graduelle du lexique et des structures de base. Chaque volume propose **14 sujets** relatifs à des champs lexicaux d'emploi quotidien.
Chaque unité s'ouvre sur une page consacrée aux **mots illustrés** relatifs au thème abordé. Ces mots sont ensuite réemployés au cours des **cinq pages d'activités** qui suivent : mots croisés, jeux de mots, devinettes, anagrammes, etc.
En fin d'unité on trouve un moment de **révision** ou d'**approfondissement grammatical** intégrant le lexique présenté.
Les **solutions** des jeux et des activités, en appendice, permettent également une utilisation autonome.

La maison

le toit	 la cheminée	 la terrasse	 le balcon
 le jardin	 le garage	 la porte	 la fenêtre
 l'entrée	 le couloir	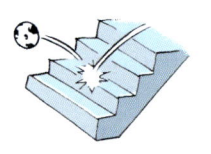 l'escalier	 l'ascenseur
 la cuisine	 le salon	 la salle de bain	 la chambre
 le bureau	 le mur		 la cave

1 Observe le dessin ci-dessous et complète avec le bon mot.

1. _____
2. _____
3. _____
4. _____
5. _____
6. _____
7. _____
8. _____

2 Où se trouve François ? Observe les dessins, résous les anagrammes et complète les phrases suivantes.

1. Quand François dort, il est dans sa ....
   HBECMRA

2. Quand il regarde la télé, il est dans le ....
   SLNOA

3. Quand il mange, il est dans la ....
   NUSECII

4. Quand il se lave, il est dans la ....
   LDBSAEENILA

5. Quand il écrit à l'ordinateur, il est dans son ....
   RUABUE

La maison

3 Mots croisés illustrés.

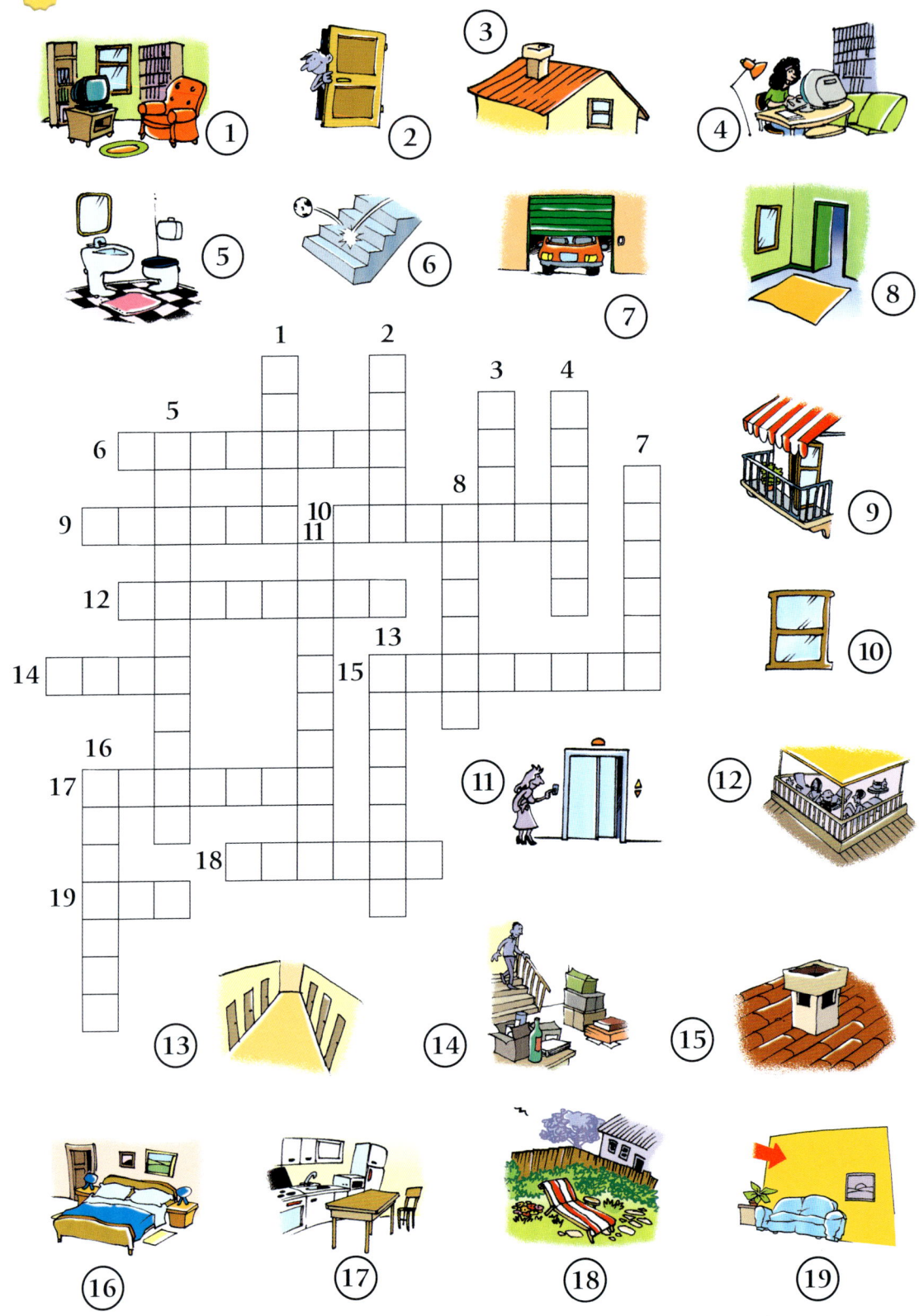

4 Observe les dessins ci-dessous et complète les phrases.

1.  Ouvre la ...., s'il te plaît !

2.  Monsieur et Madame Martin fêtent l'anniversaire de leur fils dans leur ....

3.  Je vais chercher une bouteille de vin dans la ....

4.  Monsieur Dupré sort sa voiture du ....

5.  Le vent a abîmé le ....

6.  Monsieur Dumas accroche un tableau au ....

7.  La .... de ta chambre est ouverte.

8.  La fumée sort de la ....

9.  Nicolas monte l'................. en courant.

10.  Madame Lesage prend toujours l'................. .

5 Reconnais-tu les pièces de cet appartement ?
Indique leur numéro dans la case correspondante.

◯ la cuisine
◯ la salle de bain
◯ le salon
◯ l'entrée
◯ le bureau
◯ la chambre

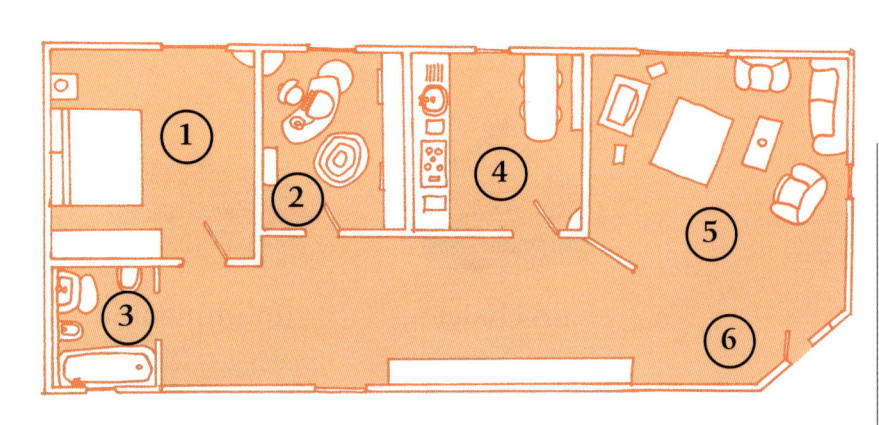

La maison

6 Observe les appartements ci-dessous et réponds comme dans l'exemple.

A

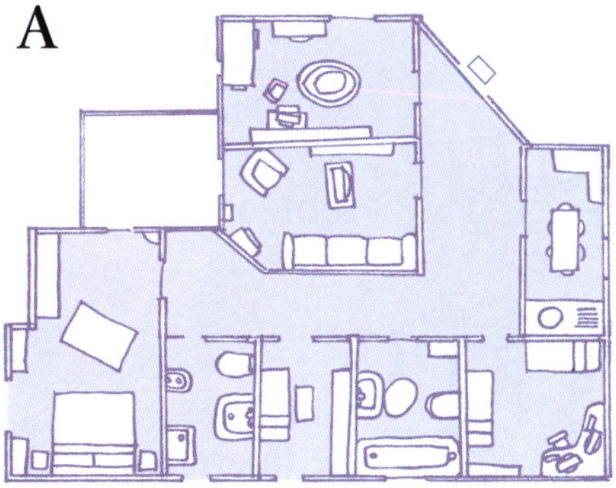

Qu'est-ce qu'il y a dans l'appartement A ?
Il y a une cuisine.
Il y a ....
....
Il y a deux ....
....
....

B

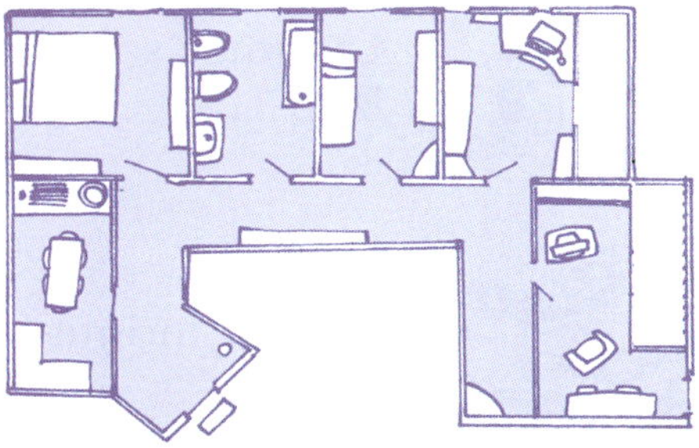

Qu'est-ce qu'il y a dans l'appartement B ?
Il y a ....
....
....
....
....

7 Regarde les différentes habitations ci-dessous, à quoi correspondent-elles dans ton pays ?

un gratte-ciel

une hlm : habitation à loyer modéré

une villa

....

un chalet 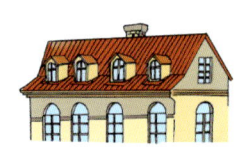   un immeuble

....

Un gratte-ciel a beaucoup d'étages...

30ème	trentième
29ème	vingt-neuvième
28ème	vingt-huitième
27ème	vingt-septième
26ème	vingt-sixième
25ème	vingt-cinquième
24ème	vingt-quatrième
23ème	vingt-troisième
22ème	vingt-deuxième
21ème	vingt et unième
20ème	vingtième
19ème	dix-neuvième
18ème	dix-huitième
17ème	dix-septième
16ème	seizième
15ème	quinzième
14ème	quatorzième
13ème	treizième
12ème	douzième
11ème	onzième
10ème	dixième
9ème	neuvième
8ème	huitième
7ème	septième
6ème	sixième
5ème	cinquième
4ème	quatrième
3ème	troisième
2ème	deuxième
1er	premier

grammaire

*La construction des numéros ordinaux est très simple. À partir de 2, il suffit d'ajouter au numéro cardinal le suffixe **-ième**.*

Et toi, tu habites dans une maison ou dans un appartement ?

8 Et toi, à quel étage habites-tu ?

J'habite ....

Attention : si tu habites en dessous du premier étage, tu habites au rez-de-chaussée !

9 Remplace chaque nombre en chiffres par le nombre correspondant en lettres. Dans les cases grises tu trouveras le mot pour compléter la phrase ci-dessous.

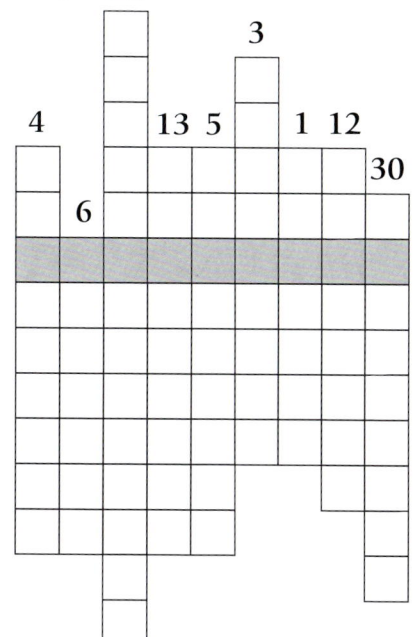

Pour aller au 1er étage je monte à pied, pour monter au 6ème je prends toujours l' ....

La maison

La famille

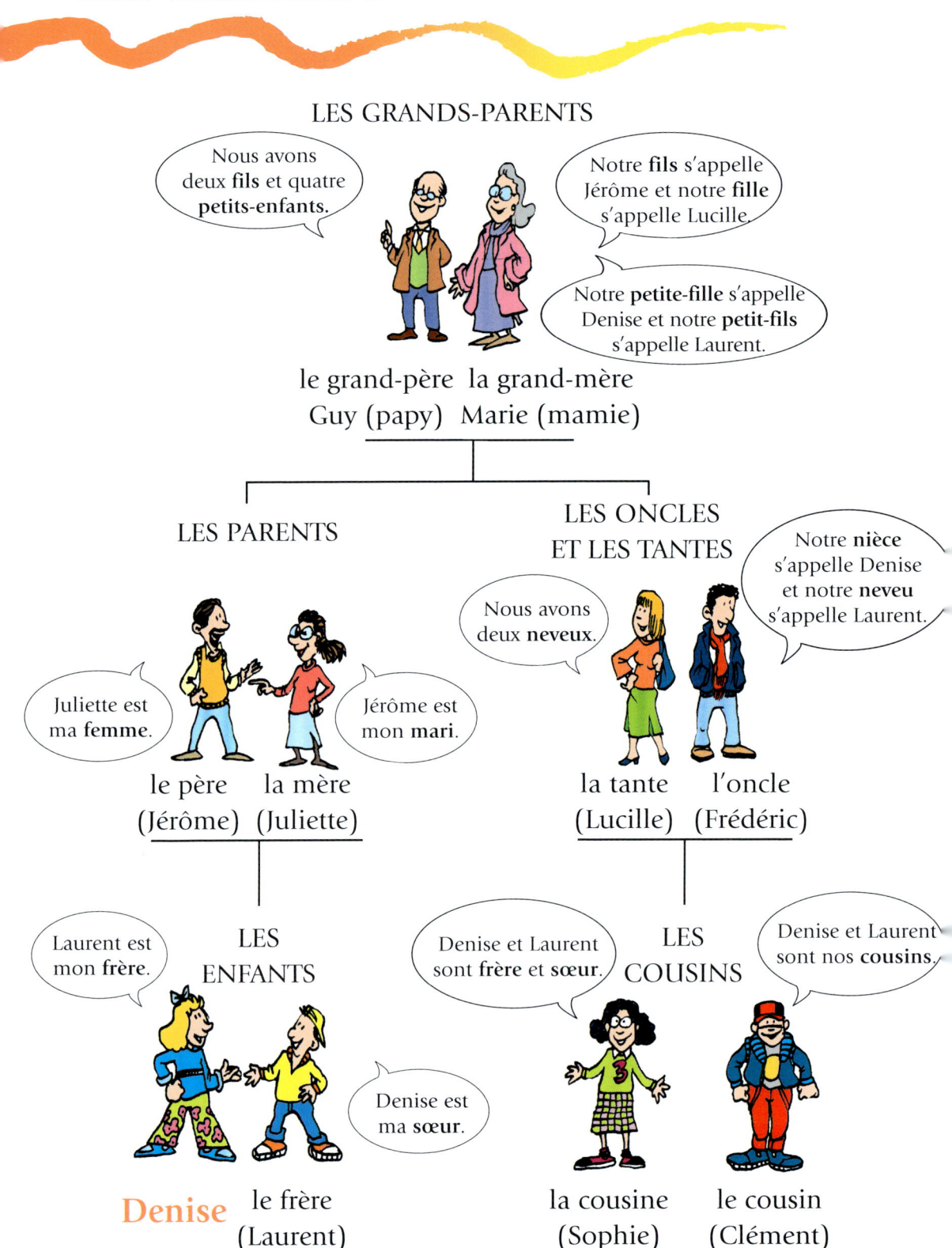

LES GRANDS-PARENTS

Nous avons deux **fils** et quatre **petits-enfants**.

Notre **fils** s'appelle Jérôme et notre **fille** s'appelle Lucille.

Notre **petite-fille** s'appelle Denise et notre **petit-fils** s'appelle Laurent.

le grand-père   la grand-mère
Guy (papy)   Marie (mamie)

LES PARENTS

LES ONCLES ET LES TANTES

Nous avons deux **neveux**.

Notre **nièce** s'appelle Denise et notre **neveu** s'appelle Laurent.

Juliette est ma **femme**.

Jérôme est mon **mari**.

le père   la mère
(Jérôme)   (Juliette)

la tante   l'oncle
(Lucille)   (Frédéric)

LES ENFANTS

LES COUSINS

Laurent est mon **frère**.

Denise et Laurent sont **frère** et **sœur**.

Denise et Laurent sont nos **cousins**.

Denise est ma **sœur**.

Denise   le frère
(Laurent)

la cousine   le cousin
(Sophie)   (Clément)

10

1 Voici la famille de Denise. Lis les affirmations ci-dessous et complète les mots croisés.

Guy   Marie

Jérôme   Juliette

Lucille   Frédéric

Denise   Laurent   Sophie   Clément

1. Frédéric est l'... de Denise.
2. Marie est la... de Denise.
3. Laurent est le... de Denise.
4. Clément est le... de Denise.
5. Lucille est la... de Denise.
6. Denise est la... de Frédéric et de Lucille.
7. Denise est la... de Sophie.
8. Denise est la... de Juliette et de Jérôme.
9. Juliette est la... de Jérôme.
10. Jérôme est le... de Denise.
11. Denise est la... de Laurent.
12. Laurent est le... de Marie et de Guy.
13. Jérôme est le... de Juliette.
14. Laurent est le... de Juliette et de Jérôme.
15. Juliette est la... de Denise.
16. Gui est le... de Laurent.

La famille

2 Recompose chaque couple comme dans l'exemple.

1. le grand-père   le cousin
2. la mère   la femme
3. le mari   la tante
4. la sœur   la fille
5. l'oncle   la grand-mère
6. le fils   le père
7. la cousine   la nièce
8. le neveu   le frère

3 Observe les dessins ci-dessous et complète les phrases suivantes en choisissant parmi les mots ci-dessous.

enfants – fille – oncle – frères – sœur – mari

1. Maurice et Louise sont mariés et ont une ....

2. L'..................... de Michelle lui achète toujours des bonbons.

3. Monsieur et Madame Tibert ont trois ....

4. Le .... de Christelle est très grand.

5. Monique est l'aînée de ses quatre ....

6. Vincent va au jardin public avec sa ....

4 Qui assiste au mariage de Chantal et de Gaston ? Retrouve sept mots dans la grille ; les lettres restantes te donneront deux mots pour compléter la phrase ci-dessous.

```
N  I  E  C  E  F  F  P  S
A  M  I  L  L  E  R  E  O
G  R  A  N  D  M  E  R  E
C  O  U  S  I  N  R  E  U
A  M  I  M  E  R  E  S  R
```

Toute la

_ _ _ _ _ _ _ _

et tous les _ _ _ _

assistent au mariage

de Chantal et de Gaston.

5 Mots croisés. Qui est-ce ? La réponse est dans les cases grises.

1. C'est un homme marié.
2. C'est le frère de maman.
3. Le garçon qui a les mêmes grands-parents que moi.
4. « Papa » dit autrement.
5. Le garçon qui a les mêmes parents que moi.
6. « Maman » dit autrement.

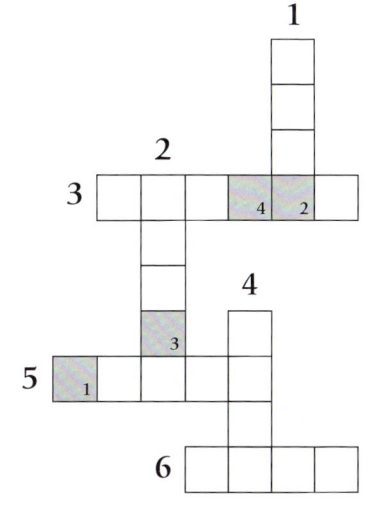

Quand on n'a ni un frère ni une sœur on est _ _ _ _ unique.
                                                       1 2 3 4

La famille

grammaire

Les adjectifs possessifs

singulier		pluriel
masculin	féminin	masculin et féminin
mon	ma	mes
ton	ta	tes
son	sa	ses
notre	notre	nos
votre	votre	vos
leur	leur	leurs

LE SAIS-TU ? La famille au sens large.
Voici comment tu peux construire tous les noms de la famille.
Il suffit de composer le nom avec *beau-*, pour un nom masculin, et avec *belle-*, pour un nom féminin: *beau-frère, beau-père, belle-sœur, belle-mère*.
N'oublie pas le tiret !

6 Devinettes.

Jérôme Juliette    Guy Marie    Lucille Frédéric

1. Qui est le beau-frère de Jérôme ?   C'est ....
   RRDFEECI

2. Qui est la belle-mère de Juliette ?   C'est ....
   EMIRA

3. Qui est le beau-père de Frédéric ?   C'est ....
   YGU

4. Qui est la belle-sœur de Lucille ?   C'est........................ .
   TTEELIUJ

5. Qui sont les beaux-parents de Frédéric ? Ce sont .... et ....
   YUG   ARIME

7 Et maintenant c'est à toi de faire ton arbre généalogique. Dans chaque case tu peux coller une petite photo, ou faire un petit portrait, si tu es fort en dessin ! Écris le prénom des membres de ta famille. Ajoute tes frères et sœurs si tu en as.

| 1 grand-père | 2 grand-mère | 3 grand-père | 4 grand-mère |

| 5 père | 6 mère |

| 7 moi |

1. Mon grand-père .... 5. Mon père ....

2. Ma grand-mère .... 6. Ma mère ....

3. Mon grand-père .... 7. Moi ....

4. Ma grand-mère .... 8. ....

La famille

Le corps humain

- la tête
- le visage
- l'œil (les yeux)
- le nez
- les cheveux
- l'oreille
- le cou
- les dents
- la bouche
- l'épaule
- le bras
- le dos
- la main
- le ventre
- la jambe
- le doigt
- le genou
- le pied

1 Indique la partie du corps qui manque.

LA J  _ _ _ _   LA _ Ê _ _

LE _ _ A  _   LA _ _ I  _   LE P _ _ _

2 Qu'est-ce que c'est ? Observe les dessins ci-dessous et réponds.
Mets l'article si nécessaire.

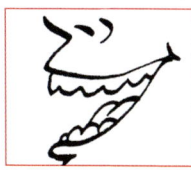

1. On s'en sert pour parler : ....

2. On s'en sert pour regarder : ....

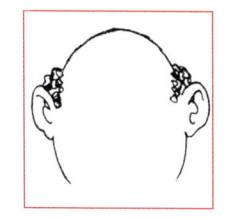

3. On s'en sert pour écouter : ....

4. On s'en sert pour sentir : ....

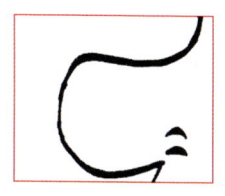

5. On s'en sert pour toucher : ....

Le corps humain

3 Mots croisés illustrés.

4 Cherche quatre parties du corps dans la grille et formule une question avec les lettres restantes. Complète ensuite les réponses à l'aide des dessins et des mots trouvés dans la grille.

E	S	D	O	S	T
C	T	E	E	Q	U
V	E	N	T	R	E
E	T	T	T	U	A
S	E	S	M	A	L

Où _ _ _-_ _   _ _ _
_ _   _ _   _ _ _ ?

1. J'ai mal à la ....

2. J'ai mal au ....

3. J'ai mal au ....

4. J'ai mal aux ....

5 Complète les phrases et insère les mots trouvés dans la grille.

1. Louise a un plâtre à la ....
2. Étienne s'est cassé l'......................... .
3. Chantal est tombée et a un .... écorché.
4. Paul a la .... bandée.
5. Ouvrez la .... , s'il vous plaît !
6. Marie s'est coupée le .... avec un couteau.

Le corps humain

19

grammaire

En français, on forme le pluriel en ajoutant un -s à la fin du mot, comme par exemple :
l'oreille   les oreilles,   la tête les têtes.
Toutefois les noms qui terminent en -s, -z, -x ne changent pas au pluriel, comme par exemple :
le dos les dos,   le bras les bras,   le nez les nez.
Le mot œil *a un pluriel irrégulier :* les yeux.
Les mots comme cheveu *et* genou *forment le pluriel en -x :*
les cheveux, les genoux.

6 Retrouve-les ! Cherche dans la grille les mots du corps humain dont le pluriel est particulier et écrit-les ci-dessous. Dans les cases restantes tu peux lire ce que dit ce personnage.

C	H	E	V	E	U	X	M	B
A	N	G	E	N	O	U	X	R
Y	E	U	X	L	A	U	X	A
P	Z	I	E	D	S	D	O	S

J'ai _ _ _   _ _ _   _ _ _ _ _ .

le nez   les ....
le bras   les ....
le genou   les ....
le cheveu   les ....
l'œil   les ....
le dos   les ....

7 Connais-tu la fable de Charles Perrault : « Le Petit Chaperon Rouge » ?
Complète le dialogue entre la petite fille et le Loup en te servant des dessins :

Elle lui dit :

Ma Mère-grand, que vous avez de grands .... !

- C'est pour mieux t'embrasser, ma fille.
- Ma Mère-grand, que vous avez de grandes .... !
- C'est pour mieux courir, mon enfant.
- Ma Mère-grand, que vous avez de grandes .... !
- C'est pour mieux écouter, mon enfant.
- Ma Mère-grand, que vous avez de grands .... !
- C'est pour mieux voir, mon enfant.
- Ma Mère-grand, que vous avez de grandes .... !
- C'est pour te manger.

Et en disant ces mots, ce méchant Loup se jeta sur le Petit Chaperon Rouge, et la mangea.

8 Voici des expressions typiques de la langue française.
Complète-les en te servant des images.

1. Donner un coup de .... = Aider

2. Être tout .... = Être attentif

3. Jouer des .... = S'enfuir

4. Savoir quelque chose sur le bout des .... = Savoir par cœur

5. Claquer les .... = Avoir très froid

6. Ne plus pouvoir mettre un .... devant l'autre = Ne plus pouvoir marcher

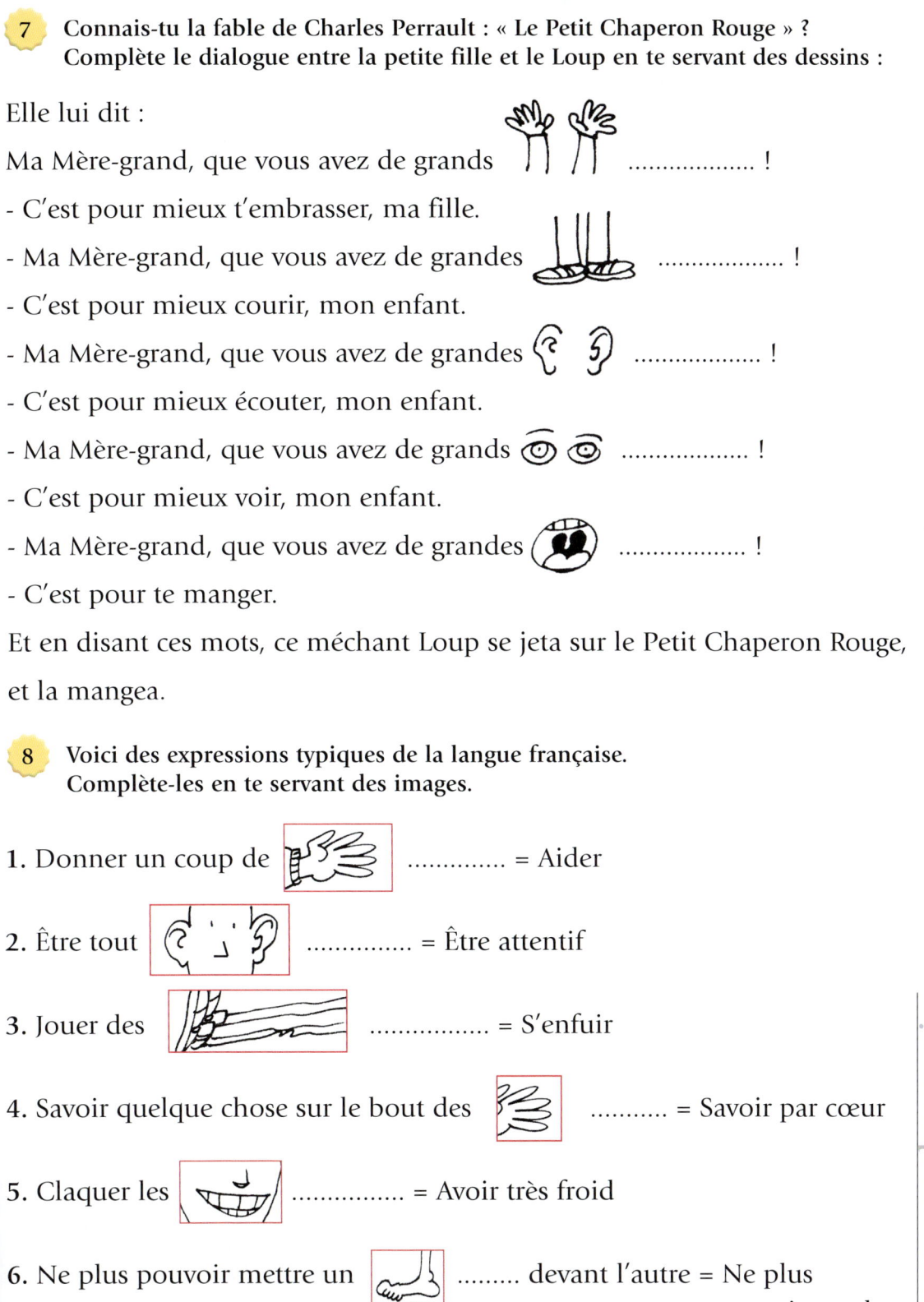

Le corps humain

Les couleurs

blanc
noir
rouge
bleu
jaune
vert
marron
gris
rose
orange
violet
bleu ciel
beige

1 Observe les dessins et écris leur couleur. Attention aux mots féminins !

le lait ....

l'encre ....

la tomate ....

la mer ....

le citron ....

le pré ....

la châtaigne ....

la souris ....

l'orange ....

le cochon ....

l'aubergine ....

le ciel ....

Les couleurs

23

2 Retrouve dans la grille le nom des couleurs. Les lettres qui restent, lues dans l'ordre, te permettent de compléter la question ci-dessous. →↑↓←

C	J	A	U	N	E	O	R
M	A	R	R	O	N	U	O
L	B	V	V	E	R	T	U
B	L	I	E	U	R	E	G
E	A	O	R	A	N	G	E
I	N	L	B	S	T	R	I
G	C	E	L	N	O	I	R
E	L	T	E	R	O	S	E
B	L	E	U	C	I	E	L

De quelle _ _ _ _ _ _ _
_ _ _ - _ _ ?

Il est jaune, blanc, noir, rouge, bleu, vert…

3 Complète le schéma, le mot que tu trouveras va te permettre de compléter la phrase ci-dessous.

1. C'est la couleur de l'encre.
2. C'est la couleur du lait.
3. C'est la couleur de la mer.
4. C'est la couleur des tomates.
5. C'est la couleur du bois.

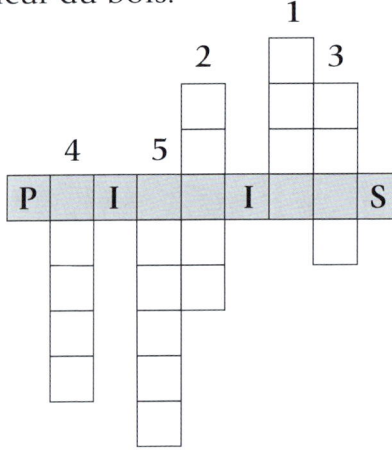

| P | | I | | | I | | | S |

Le noir, le blanc, le jaune, le bleu et le rouge sont les **couleurs** ....
Si tu les mélanges, tu obtiendras le vert, le rose, le gris, etc. qui sont les **couleurs complémentaires**.

4 Indique les couleurs de l'arc-en-ciel dans les cases ci-dessous.

| R | | | | |

| | | N | | |

| J | | | E | |

| | | R | T | |

| B | | | |

| I | N | D | I | G | O |

| V | | | | T |

5 Quelles sont les couleurs de ces drapeaux ?

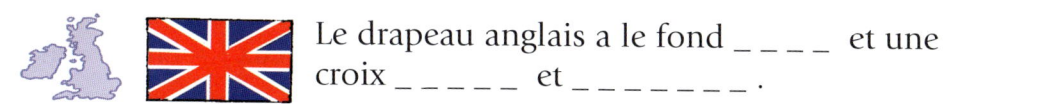

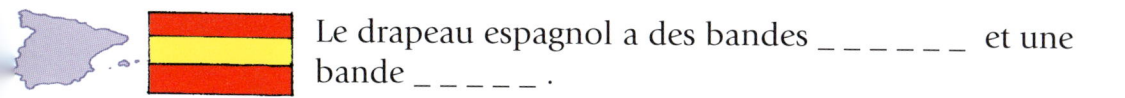

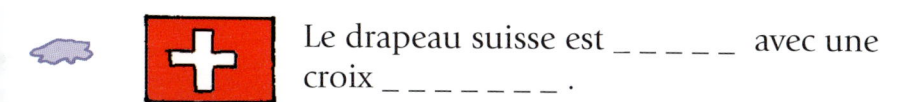

Le drapeau français est _ _ _ _ , _ _ _ _ _ _ , _ _ _ _ _ .

Le drapeau italien est _ _ _ _ , _ _ _ _ _ _ , _ _ _ _ _ .

Le drapeau anglais a le fond _ _ _ _ et une croix _ _ _ _ _ et _ _ _ _ _ _ _ .

Le drapeau allemand est _ _ _ _ , _ _ _ _ _ _ , _ _ _ _ _ .

Le drapeau espagnol a des bandes _ _ _ _ _ _ et une bande _ _ _ _ _ .

Le drapeau suisse est _ _ _ _ _ avec une croix _ _ _ _ _ _ _ .

Les couleurs

25

6 Quelle est la couleur la plus claire et la plus foncée ? Complète le tableau ci-dessous.

couleur plus claire	couleur	couleur plus foncée
....	rouge	rouge foncé
bleu ciel	bleu	....
....	noir	✗
✗	beige	....

7 Complète les phrases en observant les taches de couleur.

_ _ _ _ _ comme la neige.   _ _ _ _ _ comme un poivron.

_ _ _ _ comme du charbon.   _ _ _ _ _ comme un citron.

8 Complète les phrases suivantes en faisant l'anagramme des couleurs indiquées ci-dessous.

Il broie du O N I R .... = Il est pessimiste.

Elle est G E U R O .... jusque dans le blanc des yeux ! = Elle rougit.

Il a passé une nuit ELCANBH .... = Il n'a pas dormi de la nuit.

Il rit A N U J E .... = Il rit d'un rire forcé.

Il a une peur L B U E E .... = Il a très peur.

grammaire

Les noms des couleurs sont des adjectifs et donc ils s'accordent en genre et en nombre avec les substantifs qu'ils caractérisent.
Exemple : des aubergines **violettes**

Il ne faut toutefois pas oublier que certaines couleurs sont aussi des substantifs, comme par exemple : orange, rose, noisette, mauve, marron. Ces couleurs utilisées comme adjectifs sont invariables.
Exemple : des courges **orange**

Attention ! Les adjectifs composés sont aussi invariables.
Exemple : des manteaux **bleu clair**

9 Complète chaque phrase avec une couleur. Accorde l'adjectif si nécessaire.

Claire a les yeux ....

Les bananes sont ....

Les courgettes sont ....

Les cerises sont .... mais

les tomates aussi sont ....

Mme Lepic adore les roses ....

Les châtaignes sont ....

Regarde les nuages, ils sont .... !

La salade est ....

Pierre porte toujours un pantalon ....

Les oranges sont ....

| bleu ciel | vert | blanc | gris | jaune |
| rouge | orange | rouge | marron | noir | vert |

Quelle est la couleur de tes yeux ?
Quelle est ta couleur préférée ?

Les couleurs

27

Aliments et boissons

| l'eau |  le vin |  le café |  le lait |

| le thé |  le pain |  les pâtes |  le riz |

| le saucisson |  le poulet |  la viande |  le poisson |

| le fromage |  les légumes |  les fruits |  les œufs |

| le potage |  la glace |  le beurre |

1 Retrouve cinq mots qui se cachent dans la grille. Avec les lettres restantes complète la phrase ci-dessous.

E	L	B	V	O	I
A	A	S	I	S	T
U	I	O	N	N	H
S	T	C	A	F	E

On boit ces cinq liquides, ce sont des
....

2 Complète la grille. Dans les cases grises tu trouveras les deux mots pour compléter la phrase ci-dessous.

On peut manger/boire ces aliments,
ce sont des _ _ _ _ _ _ _ _   _ _ _ _ _ _ _ _ _ _ _ _ .

3 Qu'est-ce qu'il y a dans le chariot de Mme Dufour ? N'oublie pas d'utiliser l'article partitif !

1. ....
2. ....
3. ....
4. ....
5. ....
6. ....
7. ....
8. ....
9. ....
10. ....
11. ....

4 Complète la grille avec les aliments et les boissons que Mme Dufour vient d'acheter. Dans les cases grises tu trouveras le mot pour compléter la phrase ci-dessous.

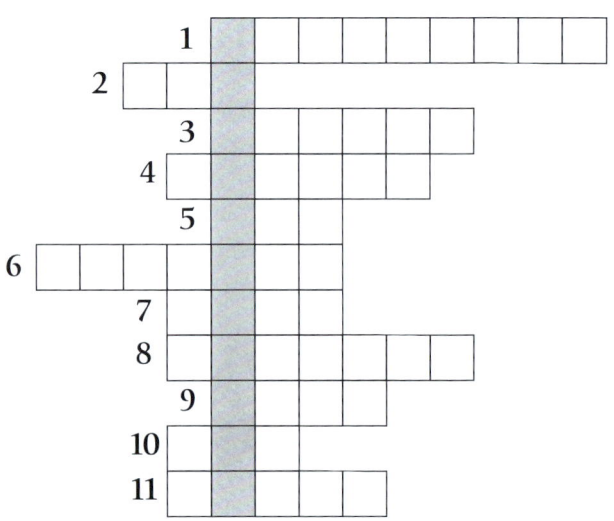

Mme Dufour a fait les courses au ....

5 Mots croisés illustrés.

6 Observe les dessins et complète les phrases avec l'article partitif.

1. Bruno boit .... rouge.
2. Frédéric mange beaucoup ....
3. Françoise mange ....
4. Claire mange ....
5. André mange ....
6. Charlotte a soif et boit ....

grammaire

Les articles partitifs indiquent une partie indéterminée, une partie du tout.

Attention à ne pas les confondre avec les articles contractés qui introduisent un complément d'objet indirect (c.o.i.).

	singulier	pluriel
masculin	du, de l'	des
féminin	de la, de l'	

Exemples : Je mange souvent **des** légumes. *(article partitif)*
Le prix **du** pain a augmenté. *(article contracté)*

L'article partitif est obligatoirement remplacé par de *dans les phrases négatives* (ne... pas, plus, jamais).
Exemples : Je ne mange pas **de** légumes.

7 Les repas de Jean. Complète les phrases suivantes.

1. Le matin Jean boit .... au lait.
2. Il mange .... avec ....
3. À midi il mange .... avec ....
4. Il mange aussi ....
5. Il boit ....
6. Le soir il mange .... avec ....
7. Il mange .... et il termine le dîner avec ....

8 Cherche les mots de l'unité dans la grille. Les lettres restantes te donnent les ingrédients utiles à la préparation de la quiche lorraine. → ↓ ↑ ←

```
S A U C I S S O N F A R
I N E G R U V I A N D E
E G A T O P Y O E U F S
G L A C E P O I S S O N
A A E A R O E C R E M I
M I E F R U I T S F R V
O T A E I L E G U M E S
R C H E Z E S E N I A P
F L P O I T H E I V U R
B E U R R E P A T E S E
```

Pour préparer la pâte il te faut :

360 gr de _ _ _ _ _ _

180 gr de _ _ _ _ _ _

de l'_ _ _ (pour mélanger les ingrédients)

et du _ _ _ .

Pour terminer la quiche complète les phrases suivantes à l'aide des dessins.

Sur la pâte étalée il faut mettre du _ _ _ _ _ _ _ _ rapé. Sur la tarte il faut mettre :

deux _ _ _ _ _ _ battus avec de la _ _ _ _ _ _ _ _ _ _ _ _ ,

du _ _ _ et du _ _ _ _ _ _ .

9 Complète les phrases suivantes et insère aussi les articles partitifs, les articles indéfinis ou la préposition « de ».

1. Christelle mange souvent …… …………… , mais ne mange pas …… …………… .

2. Ce matin je ne veux pas …… …………… , je préfère …… …………… .

3. Je ne veux pas …… …………… , je préfère manger …… …………… .

4. Le mercredi à la cantine on mange …… …………… .

5. Au petit déjeuner Claude mange …… …………… avec …… ………… .

Aliments et boissons

33

Les vêtements

la jupe	le pantalon	le pull-over	le tee-shirt
les chaussures	les chaussettes	la chemise	le chemisier
la veste	la robe	le jean	le sweat-shirt
le blouson	le manteau	l'imperméable	la cravate
le maillot de corps	le slip	le pyjama	

1 Mots croisés illustrés.

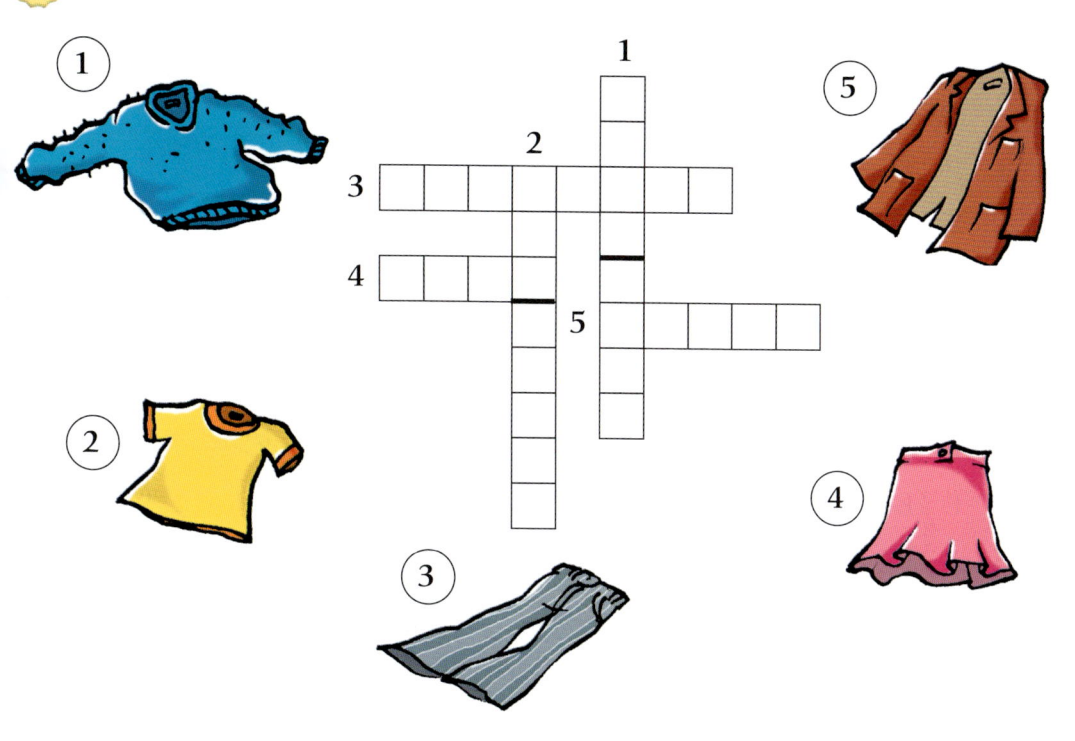

2 Complète la grille en regardant les dessins, dans les cases grises tu trouveras le nom des chaussures de sport.

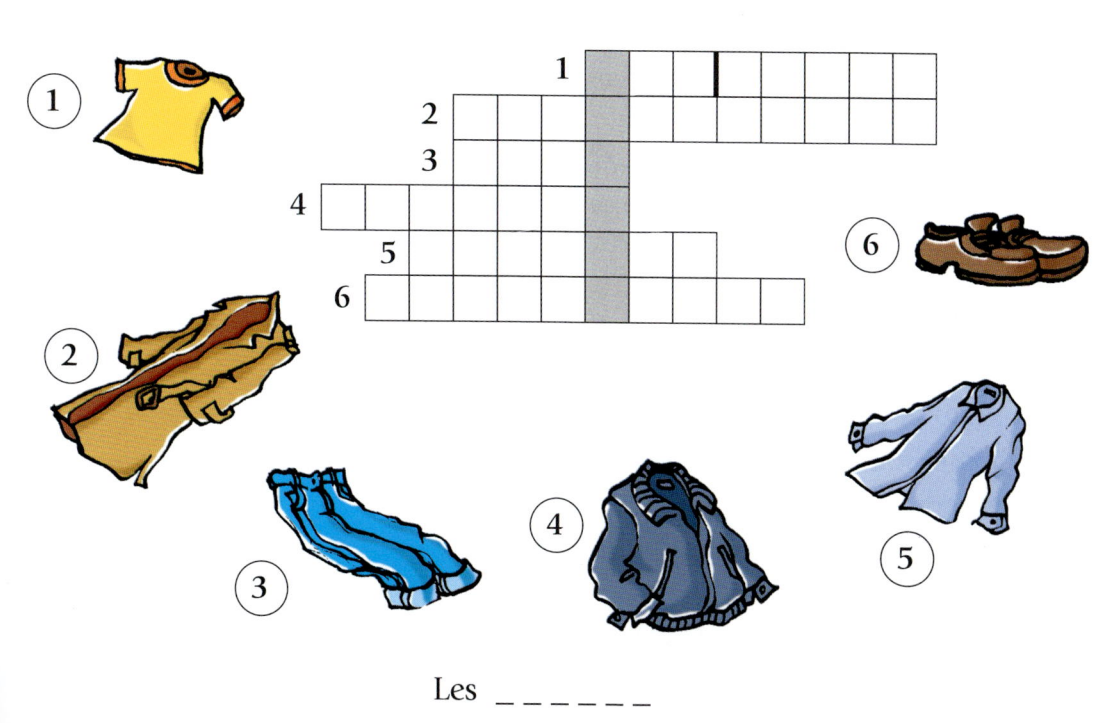

Les _ _ _ _ _ _

Les vêtements

3 Retrouve le lexique des vêtements et complète le dialogue avec les lettres qui restent. → ↓ ↑ ←

```
J E A N C H E M I S I E R T
S L I P B L O U S O N S J E
E B P Y J A M A W V N E O E
M A I L L O T D E C O R P S
A E U J D C R A A H L U U H
N M I U S R L E T E A S L I
T R S P S A A R S M T S L R
E E Y E E V R O H I N U O T
A P S I L A V B I S A A V O
U M V E S T E E R E P H E U
S I R O B E P L T A I C R T
```

Laurence entre dans un magasin pour acheter un pull-over.
La vendeuse : Et celui-ci, ça vous plaît ?
Laurence : Oui, même la couleur me convient.
__ _____ _'_____, ___ ____ _____.
La vendeuse : Bien sûr, vous pouvez aller dans la cabine d'essayage.

4 Devinettes. Avec les lettres du groupe A, réponds aux deux premières devinettes qui cachent deux pièces d'habillement masculin, celle du groupe B cachent deux pièces d'habillement féminin.

A   H E C C A A S M I E R E T V

1. On la noue autour du cou : la ....
2. On la met souvent sous la veste, avec ou sans cravate : la ....

B   P C U M H J I E E S I R E

1. Elle peut être longue, courte ou mini : la ....
2. L'homme porte la chemise. La femme porte le ....

36

5 Qu'est-ce qu'elle met dans sa valise ? Écris-le dans la grille. Dans les cases grises tu liras le nom de son vêtement préféré.

1. ☐☐☐☐☐☐☐☐ ☐☐ ☐☐☐☐☐
2. ☐☐☐☐
3. ☐☐☐☐
4. ☐☐☐☐☐☐☐☐☐
5. ☐☐☐-☐☐☐☐☐
6. ☐☐☐☐
7. ☐☐☐☐-☐☐☐☐
8. ☐☐☐☐☐☐☐

Son vêtement préféré est le _ _ _-_ _ _ _ _.

6 Que va mettre Georges ? Écris-le dans la grille. Dans les cases grises tu trouveras ce qu'il adore mettre.

1. ☐☐☐☐☐☐☐
2. ☐☐☐☐☐☐☐☐☐☐
3. ☐☐☐☐☐☐☐☐☐☐☐
4. ☐☐☐☐☐☐☐
5. ☐☐☐☐
6. ☐☐☐☐☐

C'est un homme très chic !
Il adore porter la _ _ _ _ _ _ _.

Les vêtements

7 Regarde les dessins et complète les phrases avec les mots qui manquent.

1. Aujourd'hui il fait frais. Ne sors pas en _ _ _ - _ _ _ _ .

2. Il est tard ! Tu es encore en _ _ _ _ _ _ ?

3. Vous voulez essayer cette _ _ _ _ _ à fleurs ?

4. Il pleut ! Mets ton _ _ _ _ _ _ _ _ _ _ _ _ ?

5. Ce _ _ _ _ _ _ _ _ est trop large !

6. Il fait chaud ! Je dois enlever mon _ _ _ _ - _ _ _ _ .

7. Mets aussi ta _ _ _ _ _ _ _ !

8. Dis donc ? Tu sors sans _ _ _ _ _ _ _ _ _ _ ?

8 Insère les mots de l'activité précédente dans la grille. Dans les cases grises tu liras le mot pour compléter la phrase ci-dessous.

Mettre des vêtements : ……………………………… .

grammaire

Maintenant je m'habille…

Je m'habille. Je mets ma veste.

Tu t'habilles. Tu mets ton pull-over.

Il s'habille. Il met sa chemise.

Nous nous habillons. Nous mettons nos bas en nylon.

Vous vous habillez. Vous mettez vos chaussures de marche.

Ils s'habillent. Ils mettent leur manteau très chaud.

9 Le contraire de « s'habiller » est « se déshabiller ». Transforme les phrases ci-dessus en utilisant le verbe « enlever ». (Attention à l'emploi de l'accent grave aux personnes du singulier et à la 3ème personne du pluriel !)

1. Je me déshabille. J'enlève ma veste.
2. ....
3. .... sale.
4. ....
5. ....
6. ....

Quel est ton vêtement préféré?

Les vêtements

Les animaux

le chien	le chat	la vache	le cheval
le cochon	la poule	le lapin	le coq
le lion	le poisson	l'oiseau	le singe
la brebis	l'âne	le crocodile	l'ours
la girafe	l'éléphant	le serpent	

1 Vrai ou faux ? Qui vit à la ferme ?

	vrai	faux		vrai	faux
1. le chat	☐	☐	9. le lapin	☐	☐
2. le crocodile	☐	☐	10. la girafe	☐	☐
3. le chien	☐	☐	11. la brebis	☐	☐
4. la vache	☐	☐	12. le singe	☐	☐
5. le lion	☐	☐	13. l'âne	☐	☐
6. le cheval	☐	☐	14. la poule	☐	☐
7. l'éléphant	☐	☐	15. le serpent	☐	☐
8. le cochon	☐	☐	16. le coq	☐	☐

2 Les connais-tu ? Indique dans la case le numéro correspondant à chaque animal.

○ serpent
○ éléphant
○ ours
○ lion
○ girafe
○ crocodile
○ singe

Les animaux

3 Mots croisés illustrés.

4 Repère dans la grille le nom de huit animaux. Les lettres qui restent composent le nom d'un animal domestique. → ↓ ↑ ←

```
C O C H O N
H C H A T O
E C O Q C S
V A C H E S
A H I E N I
L A P I N O
P O U L E P
```

Le ....

5 Relie chaque dessin au verbe correspondant.

☐ elle broute l'herbe   ☐ il s'envole   ☐ il dort   ☐ il nage   ☐ il chante

a   b   c   d   e

6 Devinettes et mots croisés.

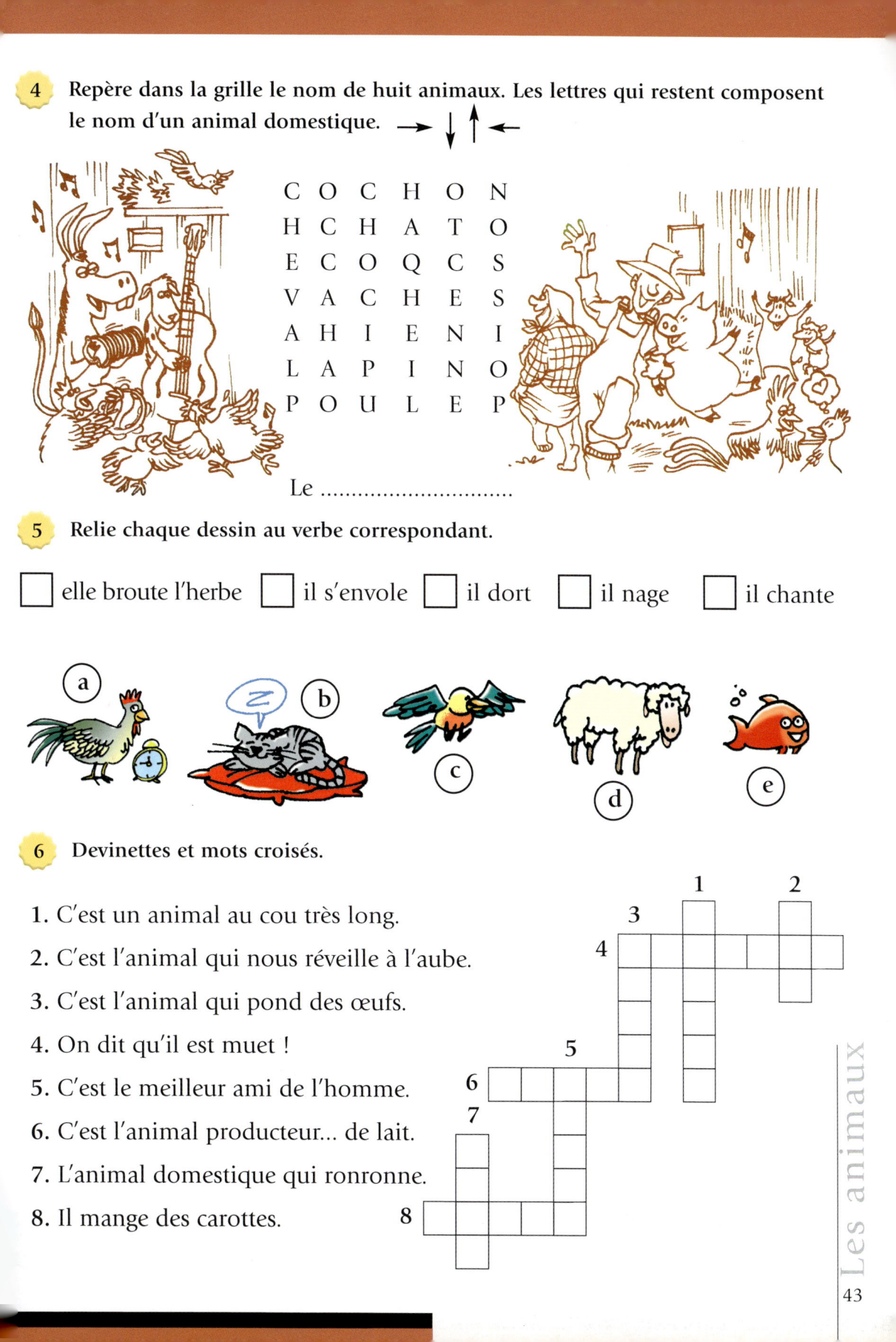

1. C'est un animal au cou très long.
2. C'est l'animal qui nous réveille à l'aube.
3. C'est l'animal qui pond des œufs.
4. On dit qu'il est muet !
5. C'est le meilleur ami de l'homme.
6. C'est l'animal producteur... de lait.
7. L'animal domestique qui ronronne.
8. Il mange des carottes.

Les animaux

43

7 Devinettes. Voici des expressions typiques de la langue française, devine à quels animaux elles se réfèrent.

1. Aujourd'hui il fait un temps de... HCENI = Il fait mauvais temps.
   ....

2. Il se couche avec les... LSEOPU = Il se couche tôt.
   ....

3. Il donne sa langue au... HCTA = Il se rend.
   ....

4. Il est comme un... SONPOSI = Il est dépaysé.
   hors de l'eau. ....

5. Il a l'air d'un... LPEETAHN = Il est très maladroit.
   dans un panier d'œufs. ....

6. Il a un appétit... d'SOIAEU = Il mange très peu.
   ....

7. Il fait un froid de... PLUO = Il fait très froid.
   ....

8. Il peigne la... FGIERA = Il ne fait rien d'utile et
   .... d'intéressant.

9. Il a un courage de... OLNI = Il est très courageux.
   ....

10. Il se goinfre comme un... CCONHO = Il mange beaucoup.
    ....

11. Il vit comme un... QCO = Il mène une vie très aisée.
    en pâte ....

grammaire

Féminins

Féminins réguliers +e :	avec redoublement de la consonne finale (au masculin) +e :	le féminin diffère complètement du masculin :
lapin lapine ours ourse	chat chatte chien chienne lion lionne cochon cochonne	singe guenon cheval jument coq poule mouton brebis

Le comparatif avec les adjectifs :

+ : Le chien est **plus** fidèle **que** le chat.
= : Le chat est **aussi** courageux **que** le chien.
− : L'éléphant est **moins** grand **que** la girafe.

8 Remets dans l'ordre les mots suivants pour composer des phrases.

1. chat – rusé – plus – Le – est – âne – que – l'.
   ....
2. grande – La – éléphant – plus – est – que – l' – girafe
   ....
3. intelligente – est – singe – La- moins – poule – que – le
   ....
4. La – plus – vache – petite – brebis – que – la – est
   ....
5. le – est – dangereux – aussi – lion – serpent – Le – que
   ....
6. que – l' – cheval – Le – plus – âne – rapide – est
   ....
7. utile – que – La – est – vache – aussi – le – cochon
   ....

Est-ce que tu aimes les animaux ?
As-tu des animaux chez toi ? Lesquels ?

La vie en plein air

l'arbre

la fleur

la mer

la montagne

la campagne

le ciel

le pré

le lac

le fleuve

le soleil

l'étoile

la lune

le bois

la colline

l'île

1 Mots croisés illustrés.

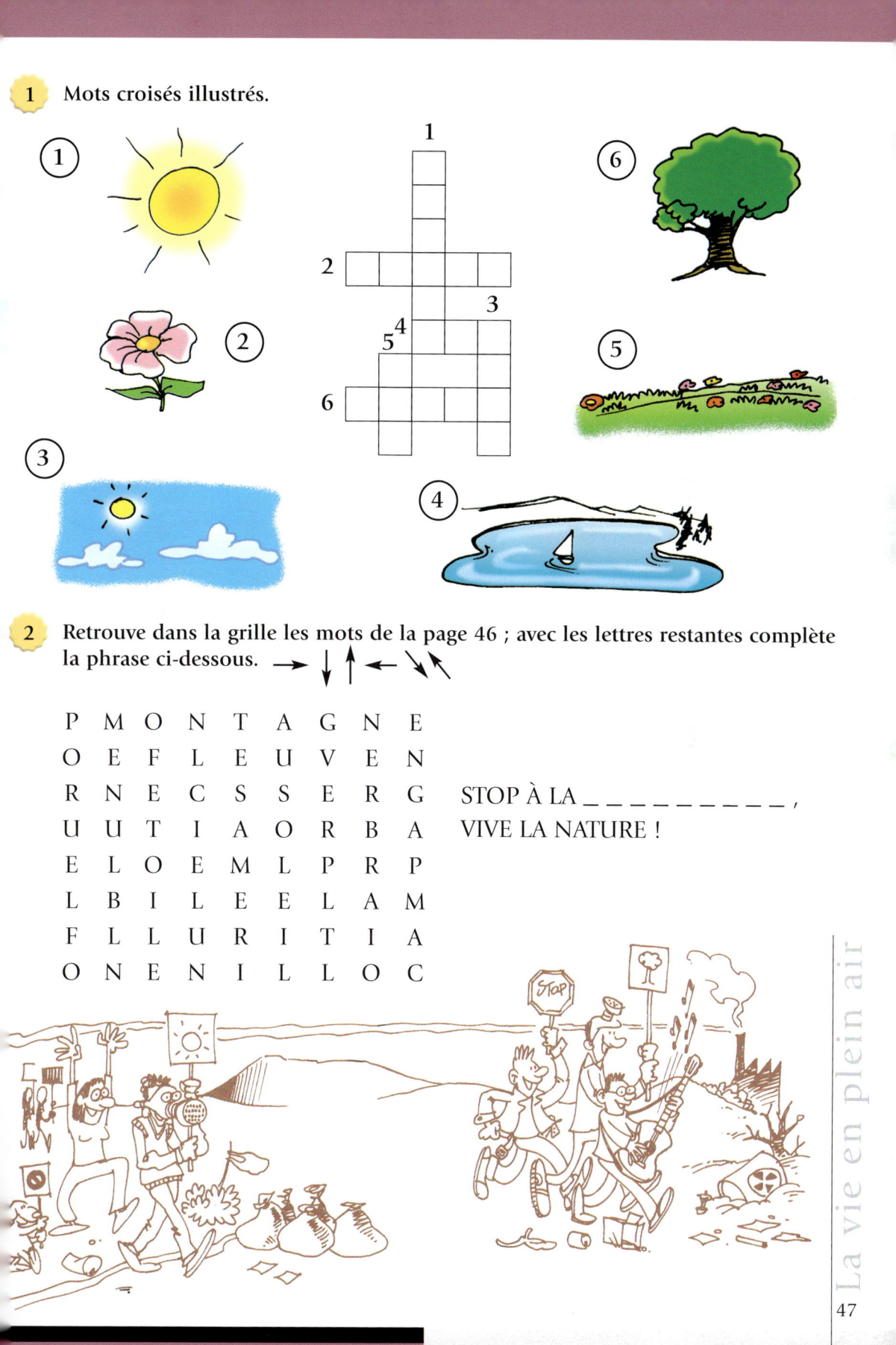

2 Retrouve dans la grille les mots de la page 46 ; avec les lettres restantes complète la phrase ci-dessous.

```
P  M  O  N  T  A  G  N  E
O  E  F  L  E  U  V  E  N
R  N  E  C  S  S  E  R  G
U  U  T  I  A  O  R  B  A
E  L  O  E  M  L  P  R  P
L  B  I  L  E  E  L  A  M
F  L  L  U  R  I  T  I  A
O  N  E  N  I  L  L  O  C
```

STOP À LA _ _ _ _ _ _ _ _ _ _ ,
VIVE LA NATURE !

La vie en plein air

47

3 Observe le dessin ci-dessous et écris le nom des éléments que tu connais.

....
....
....
....
....
....

4 Le dessin ci-dessus représente le paysage le jour. La nuit, quand il n'y a plus de soleil, qu'est-ce que tu vois dans le ciel ?

Je vois _ _ _ _ _ _ et _ _ _ _ _ _ _ _ _ _ .

5 Connais-tu la France ? Complète les phrases suivantes.

1. Le .... d'Annecy est dans les Alpes.

2. La Corse est une ....

3. La Loire est le .... le plus long de France.

4. La France du Sud est baignée par la .... Méditerranée.

6 Observe les dessins et complète les phrases suivantes.

1. Antoine offre un bouquet de .... à Anne.

2. Dans mon jardin il y a un .... très rare.

3. En hiver Marc va faire du ski à la ....

4. Jules et Paul vont chercher des champignons dans le ....

5. Le dimanche Monsieur et Madame Fabre vont toujours à la ....

6. Robert habite sur la ....

7 Mets dans l'ordre les lettres suivantes pour compléter les phrases ci-dessous. Écris aussi les articles.

1. L I C E   .... est bleu clair.
2. R P E   .... est vert.
3. N L U E   .... est pâle.
4. L S O L I E .... est jaune.
5. O I T E L E .... brille dans le ciel.
6. R E M   .... est bleue.
7. L R E F U   .... est parfumée.

La vie en plein air

49

8 Qu'est-ce que tu vois par la fenêtre ?

A. Je vois ....
....
....

B. Je vois ....
....
....

9 La nature dans les arts. Tu es calé ? Réponds aux questions suivantes et tu le sauras

1. C'est le titre d'une chanson de Maxime le Forestier :

   « Comme un .... 🌳 dans la ville ».

2. C'est le titre d'une chanson très connue de Jacquel Brel :

   « La .... 🚢 du Nord ».

3. Robert Louis Stevenson a écrit celle au trésor :

   « L' .... 🏝 au trésor ».

4. La rose est la .... 🌸 du Petit Prince d'Antoine de Saint-Exupéry.

5. Thomas Mann est l'auteur du roman :

   « La .... ⛰ enchantée ».

6. Cesare Pavese a écrit le roman :

   « La .... 🌙 et les feux ».

grammaire

Les verbes **pouvoir**, **devoir** *et* **vouloir** *sont irréguliers et sont presque toujours suivis d'un infinitif. Voici leur conjugaison au présent de l'indicatif :*

	pouvoir	devoir	vouloir
je	peux	dois	veux
tu	peux	dois	veux
il-elle-on	peut	doit	veut
nous	pouvons	devons	voulons
vous	pouvez	devez	voulez
ils-elles	peuvent	doivent	veulent

Exemple : Vous pouvez aller au cinéma. Vous devez arroser les fleurs.
Veux-tu me passer le sel, s'il te plaît ?

10 Observe les dessins et complète les phrases : conjugue le verbe entre parenthèses et écris le mot qui manque.

1. Luc .... (vouloir) s'allonger dans le ....

2. Mathieu ne .... (pouvoir) pas se baigner dans le ....

3. Jacqueline et Marcel .... (vouloir) acheter une maison qui donne sur le ....

4. Barbara et ses amis sont à la .... et ils .... (pouvoir) se baigner.

5. Pour atteindre l' ...., nous .... (devoir) prendre le bateau.

Aimes-tu vivre en plein air ?

La vie en plein air

51

L'école

| la classe |  le tableau |  le bureau |  la table |  la chaise |

| la corbeille à papier |  le sac à dos |  le cahier de textes |  la trousse |

| le cahier |  le livre |  le crayon |  le stylo |

| la gomme |  le taille-crayon |  le feutre |  la feuille |

| le ruban adhésif | 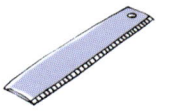 la règle |  la colle |  les ciseaux |

1 Observe le dessin et écris les mots des objets précédés de l'article défini.

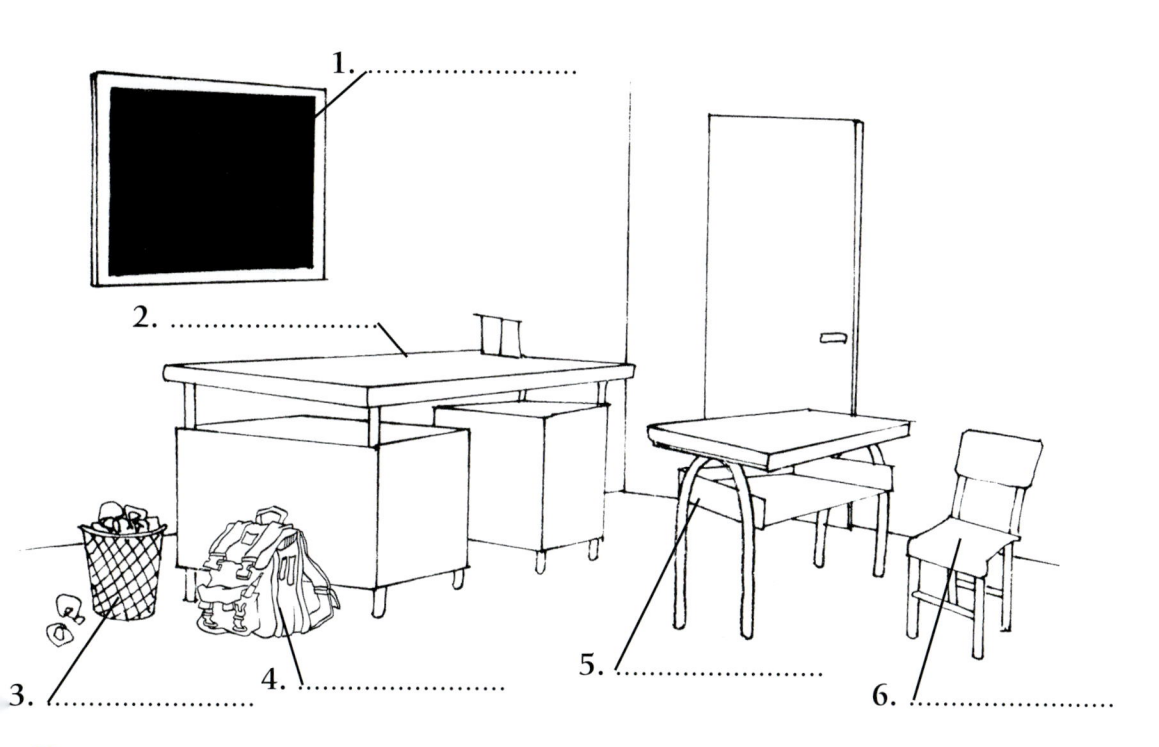

1. ....
2. ....
3. ....
4. ....
5. ....
6. ....

2 Complète la grille. Dans les cases grises se cache le nom d'un objet que tu emportes quand tu vas à l'école.

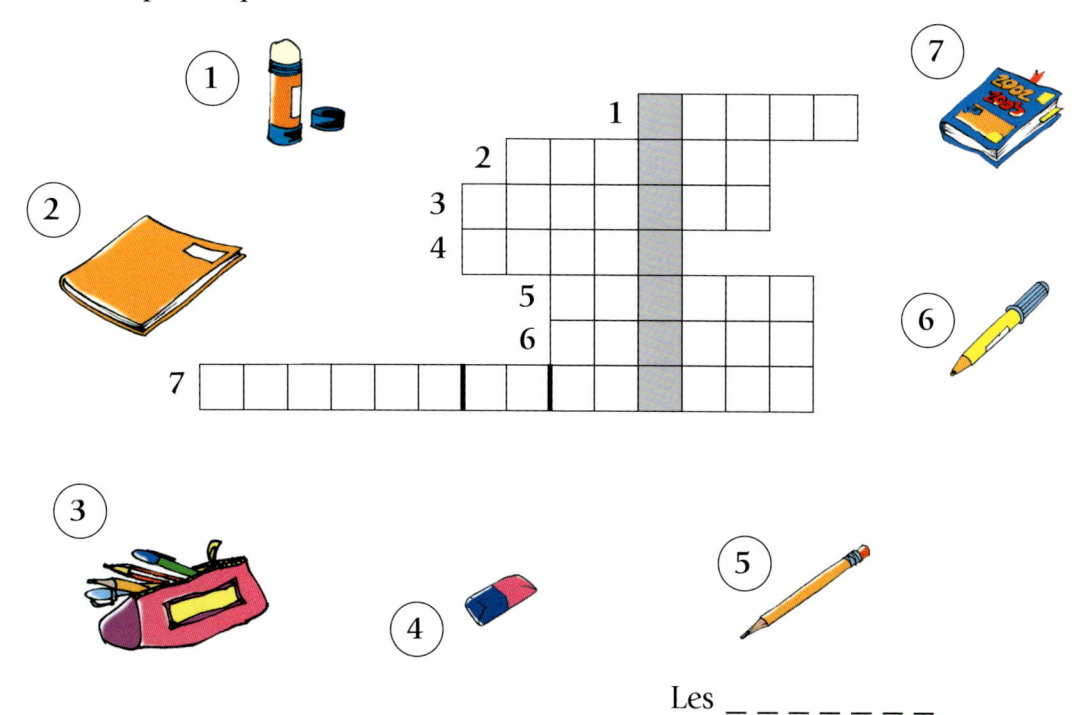

Les _ _ _ _ _ _ _

L'école

53

3 Qu'est-ce que Valérie met dans son sac à dos ?

1. ....
2. ....
3. ....
4. ....
5. ....
6. ....
7. ....
8. ....
    ....

4 Retrouve dans la grille les mots de la page 52. Complète la phrase ci-dessous avec les lettres qui restent. → ↓ ↑ ←

C	O	R	B	E	I	L	L	E	A	P	A	P	I	E	R
I	C	A	H	I	E	R	D	E	T	E	X	T	E	S	R
S	O	T	A	B	L	E	A	U	L	C	L	A	S	S	E
E	L	B	A	T	E	G	O	M	M	E	P	R	O	U	I
A	L	I	V	R	E	L	F	E	U	I	L	L	E	O	H
U	E	F	B	U	R	E	A	U	O	L	Y	T	S	R	A
X	R	U	B	A	N	A	D	H	E	S	I	F	E	T	C
C	R	A	Y	O	N	S	S	A	C	A	D	O	S	S	E
U	R	L	E	N	O	Y	A	R	C	E	L	L	I	A	T
L	C	H	A	I	S	E	E	F	E	U	T	R	E	V	E

Qui est en classe ? _ _ _ _ _ _ _ _ _ _ _ _ _ _ et _'_ _ _ _ _ _ _ .

5 Regarde les dessins et complète les phrases ci-dessous.

1. Le professeur écrit au ....

2. Florence colorie son dessin avec les ....

3. Pierre ouvre le .... à la page 34 et commence à lire.

4. Tous les élèves sont en ....

6 Qu'est-ce que c'est ? Remets dans l'ordre les lettres ci-dessous et ajoute les articles.

1. On s'en sert pour écrire :   Y L T S O   ....

2. On s'en sert pour effacer :   E M G O M   ....

3. On s'en sert pour faire des lignes droites :   G R L E E   ....

4. On s'en sert pour découper : S X E U A C I   ....

5. On s'en sert pour écrire ses devoirs :   H D E A C X T E I E S R E T ....

7 Relie les mots de chaque colonne pour constituer des phrases.

1. Monsieur Dumas lit...   a. une feuille.
2. Emanuelle écrit une lettre sur...   b. sac à dos.
3. J'ai jeté le papier dans la...   c. un livre.
4. Martine a mis ses livres et ses cahiers dans son   d. corbeille à papier.

8 Mots croisés illustrés.

1. On y écrit les devoirs à faire.
2. L'endroit où on assiste aux cours.
3. On y écrit ses exercices.
4. L'élève qui s'assoit, se met à sa…
5. On s'en sert pour dessiner.
6. Tout le monde l'appelle « scotch ».
7. Ça sert à coller.
8. La table du professeur.
9. Elle contient les feutres, la règle, la gomme, le stylo et le taille-crayon.
10. Il contient les livres, les cahiers, la trousse et le cahier de textes.

grammaire

> On utilise l'impératif pour exprimer un ordre, une exhortation.
>
> | Verbes en -ER | Verbes en -IR | Verbes en -RE / -OIR |
> |---|---|---|
> | parle | finis | prends |
> | parlons | finissons | prenons |
> | parlez | finissez | prenez |
>
> À la forme négative ne précède le verbe et pas le suit.
> Exemple : Ne parle pas pendant le cours.

9 Conjugue les verbes à l'impératif et écris-les dans la grille. Dans les cases grises tu liras une appréciation qui te concerne.

1. (vous, écrire) .... votre nom, prénom et adresse.
2. (tu, ouvrir) .... la porte s'il te plaît !
3. Enfants, (vous, manger) .... rapidement les pâtes !
4. (tu, appeller) .... ta sœur, elle te cherche.
5. (tu, parler) .... tout bas, tu peux réveiller ton petit frère !
6. (vous, étudier) .... bien les règles de grammaire pour le contrôle de demain.
7. (nous, marcher) .... rapidement, nous aurons moins froid !
8. (nous, écouter) .... attentivement notre prof de maths, aujourd'hui il est presque sans voix !
9. (nous, chanter) .... tous ensemble !
10. (vous, jeter) Ne .... aucun objet par la fenêtre !
11. (vous, dessiner) .... un triangle rectangle.

Les métiers

le professeur

l'employé

l'ouvrier

l'ingénieur

le paysan

le garçon
(le serveur)

le vendeur

le médecin

le mécanicien

le policier

l'infirmière

l'électricien

le maçon

le chef

la journaliste

l'avocat

l'acteur

1 Relie chaque profession au lieu de travail correspondant.

☐ professeur

☐ employé

☐ ouvrier

☐ paysan

☐ garçon

☐ vendeur

☐ infirmière

☐ mécanicien

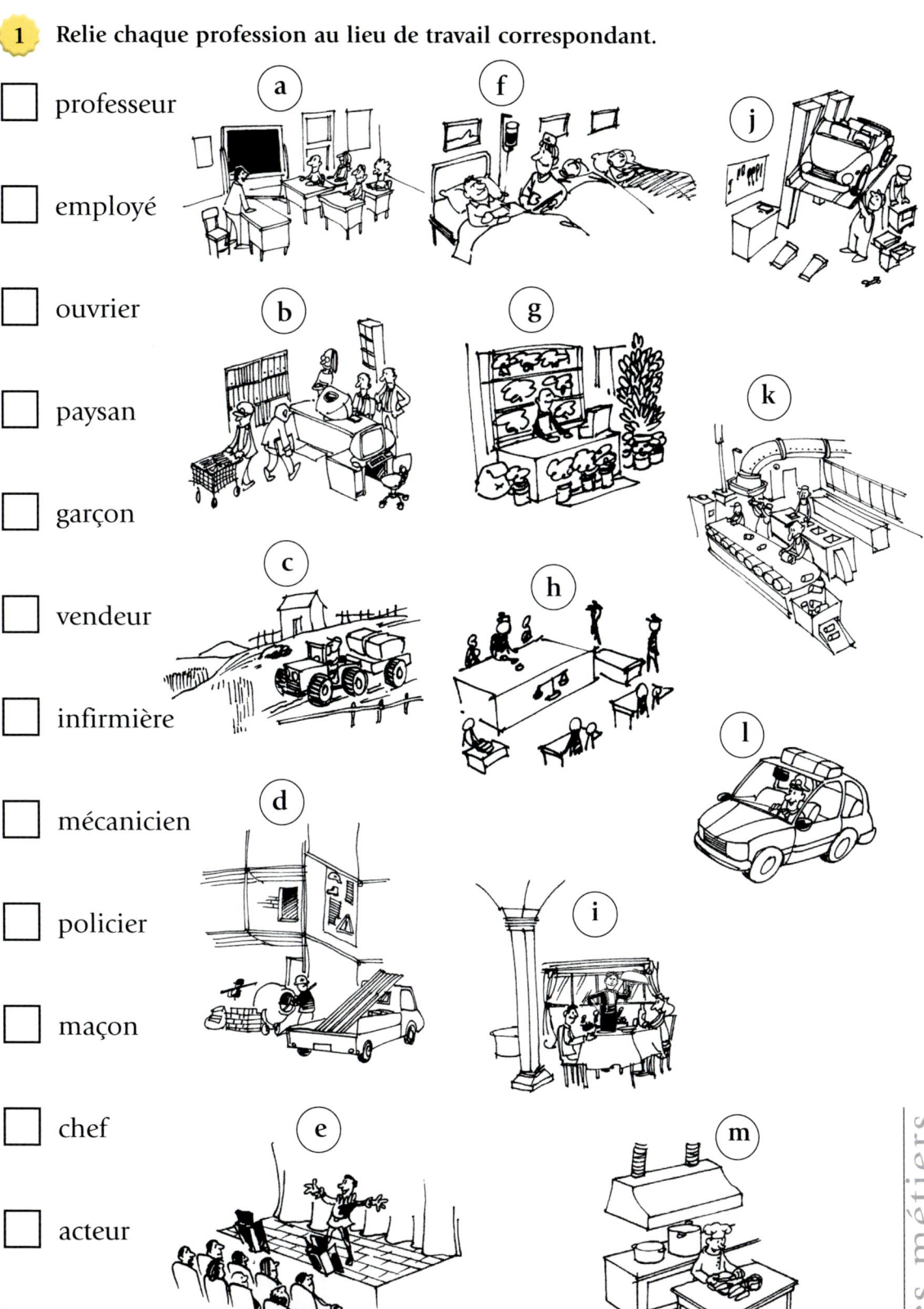

☐ policier

☐ maçon

☐ chef

☐ acteur

☐ avocat

Les métiers

2 Retrouve dans la grille les métiers de l'unité. Avec les lettres restantes complète le dialogue ci-dessous.

→ ↓ ↑ ←

```
M N E I C I R T C E L E
E M Q P U N E F L E S T
C E T R G F I E T O E S
A D N O A I N H M R M I
N E R F R R G C E E P L
I C U E C M E T N I L A
C I E S O I N M A C O N
I N D S N E I I S I Y R
E E N E R R E M Y L E U
N E E U D E U E A O C O
O U V R I E R I P P N J
A V O C A T R U E T C A
```

_ _ _ _ _   _ _ _   _ _ _   _ _ _ _ _ _
+ Je suis professeur et toi ?
– Je suis _ _ _ _ _ _ _ _ .

3 Quel est leur métier ?

1. Olivier est ....

2. Nicolas est ....

3. Vincent est ....

4. Théodore est ....

5. Charles est ....

6. Léger est ....

4 Mots croisés.

1. Il construit des immeubles.
2. Il joue un rôle... au théâtre.
3. On l'appelle quand on tombe en panne.
4. Il travaille dans un magasin.
5. Il travaille au bureau.
6. Elle écrit des articles pour « Le Monde ».
7. Il sert les boissons dans une brasserie.
8. Elle travaille à l'hôpital... et elle n'est pas médecin !

5 Complète la grille. Révise les métiers de la page 58 et écris où ils travaillent.

à l'intérieur	à l'extérieur	à l'intérieur et à l'extérieur
....	....	....
....	....	....
....	....	....
....	....	....
....	....	....
....	....	....
....	....	....
....	....	....

Les métiers

grammaire

En général les noms qui indiquent des professions ont deux formes, une pour le masculin et une pour le féminin.

M	F	M	F
	+e	employé	employée
eur	euse	vendeur	vendeuse
teur	trice	acteur	actrice
er	ère	infirmier	infirmière

Il y a toutefois des mots invariables m=f : f précédé de Madame le *ou* femme *selon les cas :* professeur, médicin, avocat, écrivain.
Exemples : Madame le professeur, femme écrivain

6 Écris le féminin des noms suivants.

1. ouvrier   ....   4. coiffeur   ....

2. serveur   ....   5. pâtissier   ....

3. boulanger   ....   6. écrivain   ....

7 Transforme les phrases suivantes au féminin.

1. L'avocat est au tribunal pour un procès.

   ....

2. Le journaliste de « Le Monde » est à l'étranger.

   ....

3. Le médecin du CHU est en congé.

   ....

4. Le professeur de langues vivantes est très exigeant.

   ....

8 Complète les phrases suivantes.

1. Ce sont trois .... qui s'occupent du projet.

2. Charles est .... dans un rayon d'un supermarché.

3. Les .... commencent à travailler à huit heures.

4. Je ne peux pas sortir parce que j'attends l' ....

5. Aujoud'hui tous les .... sont en grève.

6. Lucille est .... dans un restaurant italien.

7. Les .... se lèvent à cinq heures du matin.

8. Madame Colbert est mon ....

9. Les .... du film sont prêts.

10. Les .... attendent Juliette Binoche pour l'interview.

11. L' .... est en train d'entrer dans la salle du tribunal.

12. Luc veut être ....

Les métiers

63

En ville

| le feu | la route | la place | le passage clouté |

| le trottoir | le parc | la gare | le café |

| le magasin | le supermarché | le cinéma | la banque |

| le bureau de poste | l'école | l'hôtel | l'hôpital |

| l'aéroport | le stade | le restaurant | le parking |

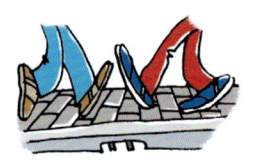

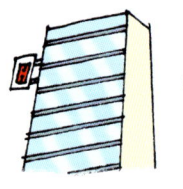

1 Complète les phrases ci-dessous en regardant les dessins.

1. Ce soir nous allons au .... voir le dernier film de Besson.
2. Je prends toujours mon petit déj' au .... du coin.
3. Je vais chercher mon oncle à la ...., il arrive par le train de 4 heures.
4. Ce week-end nous irons à Honfleur, nous avons réservé une chambre à l' ....
5. Demain j'irai au .... pour assister au match Paris Saint-Germain – Juventus.
6. Ce soir nous allons au .... chinois.

2 Les reconnais-tu ? Écris les mots dans les cases correspondantes.

1 ....
2 ....
3 ....
4 ....
5 ....

3 Retrouve dix mots de page 64 dans la grille ci-dessous. Les lettres restantes donnent le nom d'une chaîne de magasins très connue en France.

S	U	P	E	R	M	A	R	C	H	E
T	L	A	A	S	A	M	A	I	O	C
A	E	R	O	P	O	R	T	N	T	O
D	R	C	A	F	E	I	T	E	E	L
E	A	I	G	A	R	E	N	M	L	E
E	R	E	S	T	A	U	R	A	N	T

_ _   _ _ _ _ _ _ _ _ _ _ _

En ville

65

4. Mots croisés.

1. L'endroit où les piétons doivent traverser la route.
2. L'endroit où se trouve l'Arc de Triomphe.
3. L'endroit où l'on dîne avec ses amis.
4. L'endroit où je me promène tous les matins avec mon chien.
5. L'endroit où on gare sa voiture.
6. L'endroit d'où on envoie un colis.
7. L'endroit où on commence à étudier quand on est enfants.
8. L'endroit où on va si on est gravement malade.
9. L'endroit où on fait ses courses.
10. L'endroit où doivent marcher les piétons.
11. L'endroit où roulent les voitures.
12. L'endroit où on dort si on est en vacances.
13. L'endroit d'où arrivent et partent les trains.
14. L'endroit où on va assister à un match de foot.
15. L'endroit où on va prendre un pot avec ses amis.
16. L'endroit où on va acheter des chaussures.
17. L'endroit où on va voir un film.
18. L'endroit où on place de l'argent.
19. On s'y arrête s'il est rouge.
20. L'endroit où on va prendre l'avion.

5 Complète les phrases suivantes.

1. Madame Lepoivre est au ……………… .

2. Luc et Paul traversent la rue sur le ……………… .

3. Au milieu de la ……………… il y a un monument.

4. Madame Voltaire marche sur le ……………… .

6 Où se trouve la maison d'Amandine ? Complète les phrases suivantes.

1. La maison d'Amandine est devant le ……………… .

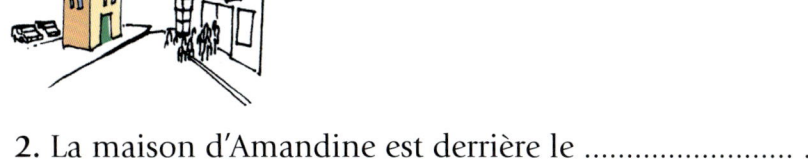

2. La maison d'Amandine est derrière le ……………… .

3. La maison d'Amandine est en face du ……………… .

4. La maison d'Amandine est à côté du ……………… .

5. La maison d'Amandine est à droite du ……………… .

6. La maison d'Amandine est à gauche de la ……………… .

En ville

7 Où est-ce qu'ils vont ? Lis les dialogues, suis le parcours indiqué et écris le mot qui manque.

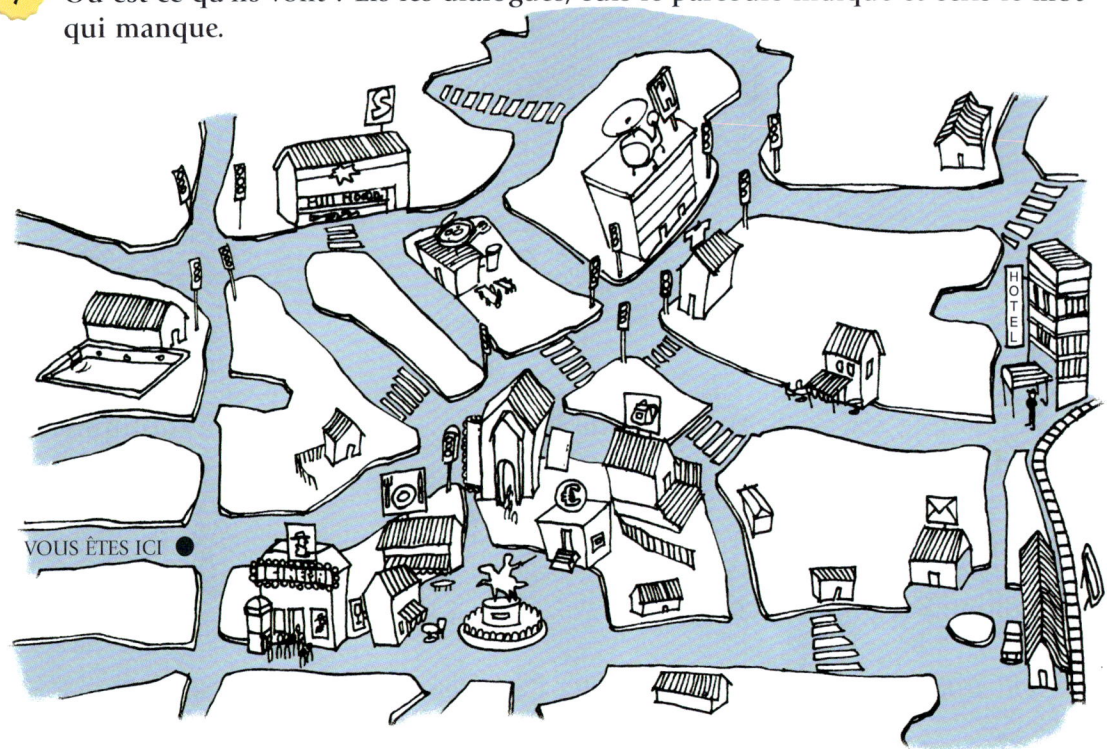

1. – Excusez-moi, pouvez-vous m'indiquer où se trouve l'_ _ _ _ _ _ _ ?
   – Oui, certainement Monsieur. C'est très simple : allez tout droit pendant un kilomètre environ. Vous allez le trouver sur votre gauche.

2. – Excusez-moi Madame, la _ _ _ _ est loin d'ici ?
   – C'est pas très loin d'ici. Tournez à droite, au prochain carrefour tournez à gauche et après allez tout droit jusqu'au bout de la rue.

3. – Excusez-moi Mademoiselle, est-ce qu'il y a un _ _ _ _ _ _ _ _ _ _ _ dans le coin ?
   – Oui, tournez à gauche, allez jusqu'au carrefour et après tournez à droite.

4. – Excuse-moi, peux-tu me dire où se trouve le _ _ _ _ le plus proche ?
   – Il y en a un sur la place. Tourne à droite, puis à gauche et continue tout droit jusqu'à la place. Il est dans le coin.

5. – Excusez-moi, où se trouve le _ _ _ _ _ _ ?
   – Ici, tournez à droite et au prochain carrefour tournez à gauche.

6. – Excusez-moi, pouvez-vous m'indiquer un _ _ _ _ _ ?
   – Il y en a un pas mal, rue de la République. Allez tout droit jusqu'au deuxième carrefour. Là, tournez à droite, prenez ensuite la première rue à gauche et vous y êtes.

grammaire

devant derrière sur sous	+	le la les	devant le cinéma derrière le stade sur le trottoir sous le lit
en face à côté près loin à gauche à droite au milieu	+	du de la de l' des	en face de la poste à coté du magasin près de l'aéroport loin de la gare à gauche/à droite du supermarché au milieu de la place
chez	+	*nom de personne* *profession*	chez Laurent chez le boulanger

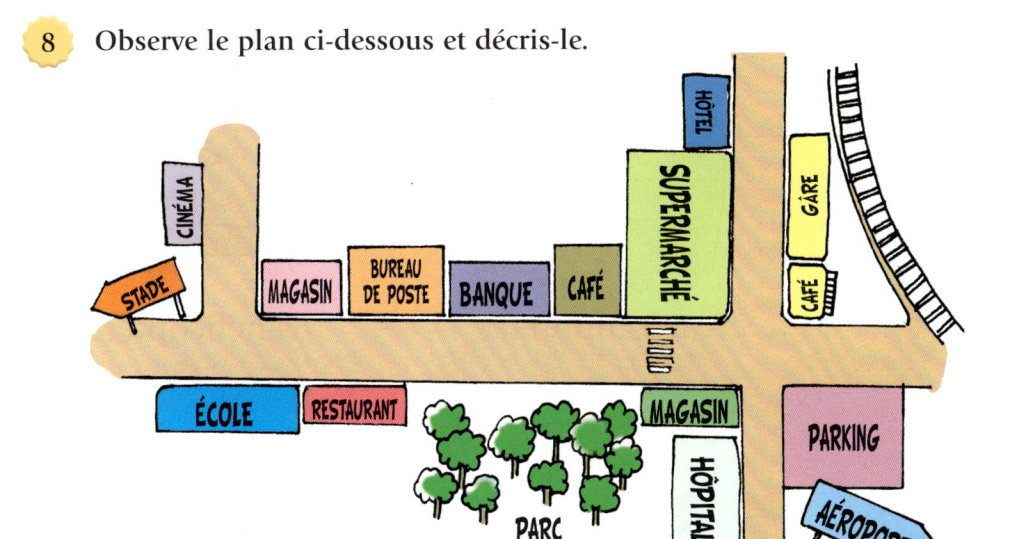

8 Observe le plan ci-dessous et décris-le.

Et toi, où est-ce que tu habites ? Qu'est-ce qu'il y a dans le village ou dans la ville où tu habites ?

En ville

Les moyens de transport

l'avion	 la voiture	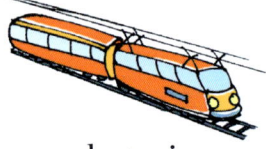 le train
 le bus	 le métro	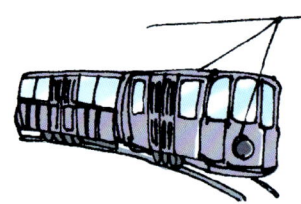 le tram
 le vélo	 la mobylette	 la moto
 le car	 le camion	 l'hélicoptère
 le camping-car	le taxi	 le bateau
 le bateau à moteur	 le bac	 le navire

1 Les déplacements de M e Mme Sorel. Observe les dessins, complète les phrases et écris les mots dans la grille. Dans les cases grises se cache un autre moyen de transport.

Le _ _ _ _ _

1. Quand ils vont en vacances Monsieur et Madame Sorel partent presque toujours en ....

2. Le dimanche ils font souvent des promenades à ....

3. Madame Sorel va toujours faire les courses en ....

4. Monsieur Sorel va au bureau en ....

5. Mais l'année dernière, ils sont allés aux États-Unis, et ils ont pris l' .... pour la première fois.

Les moyens de transport

71

2 Tous les mots de la page 70 sont dans la grille ci-dessous, sauf un. Lequel ?
Trouve-le. Avec les lettres qui restent complète la phrase ci-dessous.

B	A	T	E	A	U	A	M	O	T	E	U	R
A	V	R	A	O	I	V	O	I	T	U	R	E
T	R	A	M	T	T	I	S	M	E	T	R	O
E	R	I	A	O	A	O	C	A	M	I	O	N
A	A	N	P	M	X	N	A	V	I	R	E	O
U	C	A	M	P	I	N	G	C	A	R	I	L
E	D	H	E	L	I	C	O	P	T	E	R	E
M	O	B	Y	L	E	T	T	E	B	A	C	V

Le _ _ _

Je ne prends aucun de ces moyens de transport,
je _ _ _ _   _ _ _ _ .

3 Complète la grille avec les moyens de transport suivants.

voiture   train   navire   bus   métro   bac
vélo   tram   mobylette   bateau à moteur
bateau
moto   car   camping-car   taxi   camion

sur route	sur rails	sur (voie d') eau
....	....	....
....	....	....
....	....	....
....	....	....
....	....	....
....	....	....
....	....	....
....		

Quels sont les deux moyens de transport qui volent ?
L' .... et l' ....

4 Complète les phrases ci-dessous en regardant les dessins.

1. Claire va à ....

2. Monsieur Bertin monte en ....

3. Christophe et Hélène sont dans le .... Paris-Milan.

4. Madame Lenoir monte dans le ....

5. Monsieur et Madame Sassier prennent le ....

6. Paul roule avec sa ....

5 Essaie de deviner à quoi correspond chaque abréviation.

1. car : ....

2. métro : ....

3. bus : ....

4. vélo : ....

5. moto : ....

Les moyens de transport

73

grammaire

Emploi des prépositions :
à + *noms de villes* : à Paris, à Londres, à Berlin
au + *noms de pays masculin qui commencent par une consonne* :
au Maroc
en + *noms de pays féminins et masculins qui commencent par une voyelle* :
en Hongrie, en Italie, en Egypte
aux + *noms de pays au pluriel* : aux États-Unis, aux Pays Bas

Emploi des prépositions avec les moyens de transport :
en + *moyen de transport utilisé pour se déplacer* : voyager en train, partir en voiture, traverser la ville en bus, aller à New York en avion, aller en Corse en bateau.

dans (= à l'intérieur de) : monter dans le car, monter dans le taxi. *Mais* :
sur : monter sur le bateau
par (= expédition) : envoyer une lettre par avion

6 Complète les phrases suivantes en regardant les dessins, attention à l'emploi des prépositions.

1. Madame Levasseur va ………… le dentiste ……… ………………

2. Monsieur et Madame Colbert vont ………… mer …… ……………… .

3. Monsieur Guy va ………… Belgique ……… ……………….

4. Coralie va ………… sa grand-mère ……… ……………… .

5. Nadine va ………… gare ……… ……………… .

grammaire

Le pronom : Y

Comment vas-tu à l'école ?
J'**y** vais en mobylette.

Comment Pierre va-t-il au bureau ?
Il **y** va en voiture.

7 Réponds aux questions suivantes en regardant les dessins ci-dessous.

1. Comment M et Mme Dulac vont-ils en vacances ?
Ils .... vont ....

2. Comment M Corneille va-t-il à New York ?
Il .... va ....

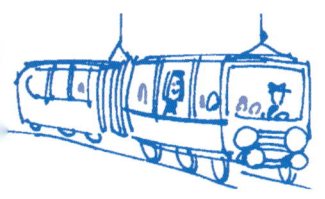

3. Comment Mme Gisèle rentre-t-elle chez elle ?
Elle rentre .... elle ....

4. Comment ces enfants vont-ils au parc ?
Ils .... vont ....

5. Comment M et Mme Sand vont-ils au théâtre ?
Ils .... vont ....

6. Comment ces amis vont-ils à la plage ?
Ils .... vont ....

Et toi, quel moyen de transport
utilises-tu pour aller à l'école ?

Les moyens de transport

Les saisons et la météo

la pluie

la neige

le soleil

l'orage

le nuage

le vent

la grêle

le brouillard

la glace

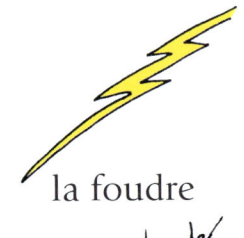

la foudre

l'arc-en-ciel

la flaque

le printemps

l'été

l'automne

l'hiver

le froid

la chaleur

1 A quelle saison correspondent les mois suivants ?

1. septembre, octobre, novembre
3. mars, avril, mai
2. décembre, janvier, février
4. juin, juillet, août

a. ○   b.  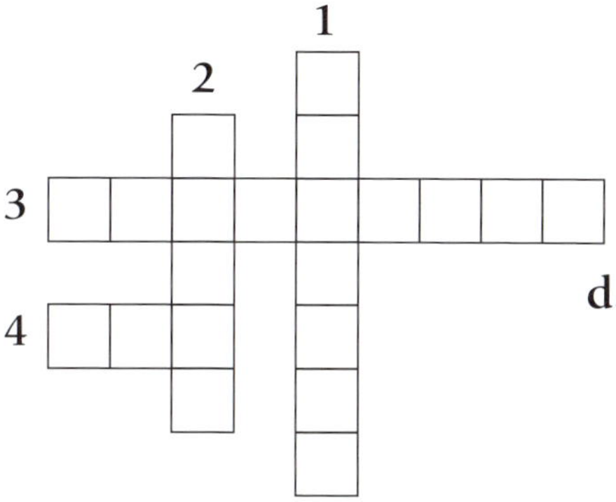 ○   c.  ○   d. ○

2 Un seul mot de la page 76 a été exclu de la grille. Lequel ?
Retrouve tous les autres et avec les lettres qui restent complète le dialogue.

```
B T F H E M G L A C E
R P R I N T E M P S N
O P O V E N T S F O U
U F I E I A I T I L A
I O D R G O R A G E G
L U L A E U P L U I E
L D J O U E U Q A L F
A R C E N C I E L R E
R E C H A L E U R D T
D H U I A U T O M N E
```

La _ _ _ _ _

– Quel _ _ _ _ _   _ _ _ _ - _ _
_ _ _ _ _ _ _ ' _ _ _ ?

– Ça se voit pas ? Il pleut averse !

Les saisons et la météo

77

3 Complète les phrases ci-dessous en regardant les dessins.

1. Mets ton manteau, aujourd'hui il fait ....

2. Papa, viens voir .... !

3. Je n'ai jamais vu autant de .... !

4 Quel temps fait-il ? Regarde la météo illustrée et écris le temps qu'il fait dans chaque ville.

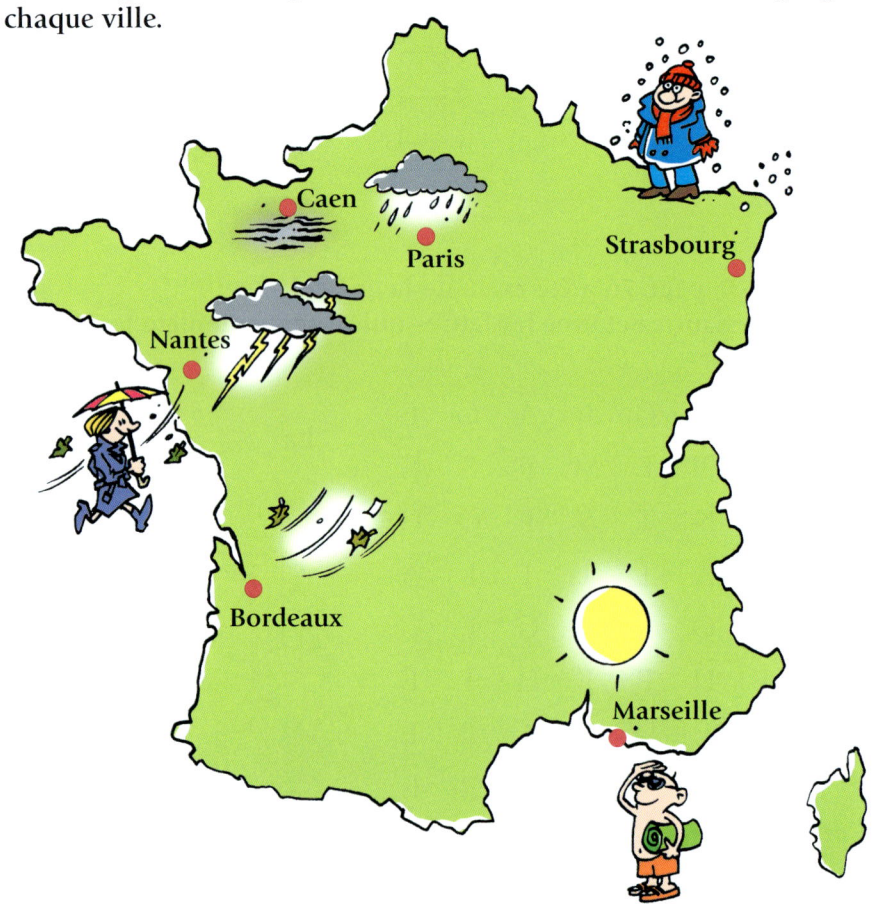

À Paris .... À Bordeaux ....
À Marseille .... À Caen ....
À Strasbourg .... À Nantes ....

5 Recompose chaque dialogue.

1. ☐ Quel temps fait-il ?
   ☐ Allô, je te téléphone de Paris.
   ☐ Ici il fait chaud, le soleil brille.
   ☐ Il pleut et chez toi ?

2. ☐ Mais c'est le journal d'hier !
   ☐ Dans le journal ils disent qu'il fait 20 degrés.
   ☐ Aujourd'hui il fait très chaud !
   ☐ Bien sûr, il fait bien 30 degrés !

3. ☐ Pourquoi ?
   ☐ Il va y avoir un orage.
   ☐ Rentrons à la maison.
   ☐ Regarde les nuages !

4. ☐ Je vais arriver, mais il y a du brouillard.
   ☐ Sois prudent !
   ☐ Allô ? Où es-tu ?
   ☐ Oui, ne t'inquiète pas.

Les saisons et la météo

79

6 En vacances quelque soit la saison ! Complète chaque phrase en regardant les dessins.

En .... les Tardieu vont toujours à la montagne.

Au .... ils passent quelques jours au bord du lac.

En .... ils vont à la mer.

En .... ils vont voir leurs amis à la campagne.

7 Complète les phrases suivantes.

1. Pendant l' .... la .... tombe.

2. Après la .... il y a beaucoup de ....

3. Quand il pleut et il y a du .... on voit l' ....

8 Du verbe au nom. Voici trois verbes liés au climat. Écris le nom correspondant précédé de l'article.

Pleuvoir :   ....

Neiger :   ....

Grêler :   ....

grammaire

Les verbes impersonnels
Ils ne se conjuguent qu'à la IIIème personne du singulier.

Il pleut. Il neige.
Il y a du soleil. Il y a beaucoup de nuages.
Il fait beau.
Il fait chaud. Il fait froid.

Et toi, quelle est ta saison préférée ?
Pourquoi ?

9 Quel temps fait-il ? Associe la bonne expression à chaque dessin.

| Il fait chaud. | Il pleut. | Il y a du brouillard. | Il y a du soleil. |
| Il fait froid. | Il y a du vent. | Il grêle. | Il neige. |

1.  ....
2.  ....
3.  ....
4.  ....
5.  ....
6.  ....
7.  ....
8.  ....

Les saisons et la météo

81

Les actions

manger	 boire	 écouter	 travailler
 étudier	 lire	 écrire	 habiter
aller	 s'habiller	 regarder	 parler
 marcher	 conduire	 acheter	 dormir
 partir	 arriver	 ouvrir	 fermer

1 Le bon verbe.

1. J'ai des oreilles pour .... de la musique.

2. J'ai des jambes pour ....

3. J'ai une bouche pour ....

4. J'ai des yeux pour .... la télé.

2 Complète les phrases suivantes en reliant le verbe au nom correspondant.

1. ☐ manger   a. la télé

2. ☐ boire   b. français

3. ☐ écouter   c. la voiture

4. ☐ lire   d. un sandwich

5. ☐ écrire   e. un cadeau

6. ☐ regarder   f. la musique

7. ☐ parler   g. un café

8. ☐ conduire   h. la fenêtre

9. ☐ acheter   i. le journal

10. ☐ ouvrir   j. une lettre

Les actions

83

3 Mots croisés illustrés.

4 Complète les phrases ci-dessous avec les verbes.

Monsieur et Madame Duhamel .... à Nantes.

M Duhamel a une charcuterie dans le centre ville, le matin il

.... un café, il se lave, il .... et il

.... au magasin en mobylette. Il .... à 8 h et il

.... à 19,30 h. À midi il fait une pause de trois heures.

Mme Duhamel s'occupe de la maison et de ses filles, Isabelle et Sarah.

Isabelle, l'aînée est en 1ère année de fac. Elle ....

les langues étrangères et .... assez bien l'allemand et

l'espagnol. Sarah, au contraire, est en train d'apprendre à .... et

à .... Elle est au CP. Le soir toute la famille se retrouve

pour le dîner, ils .... tous ensemble, puis ils

.... la télé et vers 23 h ils vont dormir.

Les actions

85

5 Forme les couples en regardant les dessins.

1. parler – ....
4. manger – ....

2. ouvrir – ....
5. étudier – ....

3. partir – ....
6. lire – ....

6 Complète les phrases suivantes en regardant les dessins.

1. Monsieur Descartes .... à la banque.

2. Ève .... pour être reçue à l'examen à la fac.

3. Diane .... toujours à la mode, elle est cool.

4. François .... par le train de 9,30 h.

7 Complète les mini-dialogues ci-dessous avec les verbes.

1. Louis où .... -tu ?
– Rue de Flandres.

2. À quelle heure Pierre ....-t-il ?
– Il arrive à 8,30 h, avec Air France, à l'aéroport de Roissy Charles De Gaulle.

3. Où est Jacques ?
– Il est déjà au lit, il ....

4. Quel âge a Frédéric ?
– Il a douze mois.
Et il .... déjà ?
– Oui, il fait ses premiers pas.

8 Comment Charles passe-t-il ses journées ? Écris-le.

(s'habiller)

A 7,30h Charles s'habille.

(aller)

.... au bureau.

(parler)

.... avec ses collègues.

(travailler)

(manger)

(arriver)

(manger)

(regarder)

(dormir)

grammaire

9 Écris huit phrases en utilisant la grille ci-dessous.

	sujet	premier verbe		deuxième verbe
	je	écouter		boire
	tu	lire		travailler
	Charles	partir		arriver
D'abord	Viviane	étudier	après	écrire
	nous	dormir		aller
	vous	manger		regarder
	M. et Mme Bruel	ouvrir		parler
	Jean et Juliette	travailler		fermer

Exemple : D'abord François étudie, après il écrit une lettre à sa copine.

Comment passes-tu ta journée ?

Les actions

87

Solutions

La maison — page 4

1 1. la cheminée, 2. le toit, 3. la terrasse, 4. le balcon, 5. la fenêtre, 6. le jardin, 7. la porte, 8. le garage

2 1. chambre, 2. salon, 3. cuisine, 4. salle de bain, 5. bureau

3 1. salon, 2. porte, 3. toit, 4. bureau, 5. salle de bain, 6. escalier, 7. garage, 8. entrée, 9. balcon, 10. fenêtre, 11. ascenseur, 12. terrasse, 13. couloir, 14. cave, 15. cheminée, 16. chambre, 17. cuisine, 18. jardin, 19. mur

4 1. porte, 2. jardin, 3. cave, 4. garage, 5. toit, 6. mur, 7. fenêtre, 8. cheminée, 9. escalier, 10. ascenseur

5 1. la chambre, 2. le bureau, 3. la salle de bain, 4. la cuisine, 5. le salon, 6. l'entrée

6 A : Il y a un salon, une terrasse, un bureau, un couloir, une entrée. Il y a deux salles de bain, il y a trois chambres.
B : Il y a une cuisine, une entrée, un couloir, un salon, une salle de bain, un bureau, deux chambres, deux balcons.

9 4 : quatrième, 6 : sixième, 25 : vingt-cinquième, 13 : treizième, 5 : cinquième, 3 : troisième, 1 : premier, 12 : douzième, 30 : trentième. *Ascenseur*

La famille — page 10

1 1. oncle, 2. grand-mère, 3. frère, 4. cousin, 5. tante, 6. nièce, 7. cousine, 8. fille, 9. femme, 10. père, 11. sœur, 12. petit-fils, 13. mari, 14. fils, 15. mère, 16. grand-père

2 1. le grand-père – la grand-mère, 2. la mère – le père, 3. le mari – la femme, 4. la sœur – le frère, 5. l'oncle – la tante, 6. le fils – la fille, 7. la cousine – le cousin, 8. le neveu – la nièce

3 1. fille, 2. oncle, 3. enfants, 4. mari, 5. frères, 6. sœur

4 Horizontalement : nièce, grand-mère, cousin, mère. **Verticalement** : frère, père, sœur. *Famille, amis*

5 1. mari, 2. oncle, 3. cousin, 4. père, 5. frère, 6. mère. *Fils*

6 1. Frédéric, 2. Marie, 3. Guy, 4. Juliette, 5. Guy-Marie

Le corps humain — page 16

1 jambe, tête, bras, main, pied

2 1. la bouche, 2. les yeux, 3. les oreilles, 4. le nez, 5. la main

3 1. tête, 2. cheveux, 3. doigt, 4. épaule, 5. ventre, 6. nez, 7. genou, 8. oreille, 9. cou, 10. bouche, 11. main, 12. dos, 13. œil, 14. bras

4 1. tête, 2. dos, 3. ventre, 4. dents. *(Où) est-ce que tu as mal ?*

5 1. jambe, 2. épaule, 3. genou, 4. tête, 5. bouche, 6. doigt

6 Horizontalement : cheveux, genoux, yeux, dos. **Verticalement :** nez, bras. *(J'ai) mal aux pieds.*

7 bras, jambes, oreilles, yeux, dents

8 1. main, 2. oreilles, 3. jambes, 4. doigts, 5. dents, 6. pied

Les couleurs   page 22

1 blanc, noire, rouge, bleue, jaune, vert, marron, grise, orange, rose, violette, bleu ciel

2 Horizontalement : jaune, marron, vert, orange, noir, rose, bleu ciel. **Verticalement :** beige, blanc, violet, bleu, gris, rouge. *(De quelle) couleur est-il ?*

3 1. noir, 2. blanc, 3. bleu, 4. rouge, 5. marron. *Primaires*

4 rouge, orange, jaune, vert, bleu, (indigo), violet

5 bleu, blanc, rouge ; vert, blanc, rouge ; bleu, rouge, blanche ; noir, rouge, jaune ; rouges, jaune; rouge, blanche

6 rose, bleu foncé, gris, marron

7 blanc, noir, rouge, jaune

8 noir, rouge, blanche, jaune, bleue

9 bleu ciel, jaunes, vertes, rouges, rouges, blanches, marron, gris, verte, noir, orange

Aliments et boissons   page 28

1 Horizontalement : café. **Verticalement :** eau, lait, vin, thé. *Boissons*

2 1. potage, 2. riz, 3. poulet, 4. viande, 5. eau, 6. vin, 7. thé, 8. pâtes, 9. café, 10. fromage, 11. légumes, 12. œufs, 13. poisson, 14. fruits, 15. pain, 16. beurre, 17. lait, 18. glace, 19. saucisson. *Produits comestibles*

3 1. du saucisson, 2. de l'eau, 3. du poulet, 4. du beurre, 5. du riz, 6. des légumes, 7. du lait, 8. du fromage, 9. du café, 10. du thé, 11. des œufs

4 1. saucisson, 2. eau, 3. poulet, 4. beurre, 5. riz, 6. légumes, 7. lait, 8. fromage, 9. café, 10. thé, 11. œufs *Supermarché*

5 1. thé, 2. fromage, 3. glace, 4. beurre, 5. pain, 6. lait, 7. saucisson, 8. légumes, 9. potage, 10. fruits, 11. pâtes, 12. riz, 13. poulet, 14. œufs, 15. poissons, 16. viande, 17. eau, 18. vin, 19. café

6 1. du vin, 2. de fruits, 3. de la viande, 4. du fromage, 5. de la glace, 6. de l'eau

7 1. du café, 2. du pain, du beurre, 3. de la viande, des légumes, 4. des fruits, 5. de l'eau, 6. du poisson, des légumes, 7. du fromage, de la glace

8 Horizontalement : saucisson, viande, potage, œufs, glace, poisson, fruits, légumes, pain, thé, beurre, pâtes. **Verticalement :** fromage, lait, café, poulet, riz, eau, vin. *Farine, beurre, de l'eau, du sel ; gruyère, œufs, crème fraîche, sel, poivre*

9 1. de la viande, de poisson, 2. de lait, du thé, 3. de fruits, de la glace, 4. des pâtes, 5. du pain, du beurre.

Les vêtements
page 34

1 1. pull-over, 2. tee-shirt, 3. pantalon, 4. jupe, 5. veste

2 1. tee-shirt, 2. imperméable, 3. jean, 4. blouson, 5. chemise, 6. chaussures *(Les) tennis*

3 Horizontalement, de gauche à droite : jean, chemisier, slip, blouson, pyjama, maillot de corps, veste, robe. **Verticalement, (du haut en bas) :** manteau, jupe, cravate, robe, sweat-shirt, chemise, pull-over, tee-shirt ; **(du bas en haut)** : imperméable, pantalon, chaussures. *Je voudrais l'essayer, s'il vous plaît.*

4 A : cravate, chemise ; B : jupe, chemisier

5 1. maillot de corps, 2. robe, 3. jupe, 4. chemisier, 5. tee-shirt, 6. slip, 7. pull-over, 8. manteau. *Tee-shirt*

6 1. chemise, 2. chaussures, 3. chaussettes, 4. cravate, 5. jean, 6. veste. *Cravate*

7 1. tee-shirt, 2. pyjama, 3. robe, 4. imperméable, 5. pantalon, 6. pull-over, 7. cravate, 8. chaussures

8 *S'habiller*

9 1. Je me déshabille. J'enlève ma veste. 2. Tu te déshabilles. Tu enlèves ton pull over. 3. Il se déshabille. Il enlève sa chemise sale. 4. Nous nous déshabillons. Nous enlevons nos bas en nylon. 5. Vous vous déshabillez. Vous enlevez vos chaussures de marche. 6. Ils se déshabillent. Ils enlèvent leur manteau très chaud.

Les animaux
page 40

1 Vrai : 1, 3, 4, 6, 8, 9, 11, 13, 14, 16.
Faux : 2, 5, 7, 10, 12, 15.

2 1. ours, 2. lion, 3. serpent, 4. girafe, 5. singe, 6. crocodile, 7. eléphant

3 1. serpent, 2. poisson, 3. ours, 4. oiseau, 5. brebis, 6. crocodile, 7. singe, 8. chien, 9. poule, 10. coq, 11. girafe, 12. chat, 13. cheval, 14. lapin, 15. cochon, 16. âne, 17. éléphant, 18. vache, 19. lion

4 Horizontalement : cochon, chat, coq, vache, lapin, poule. **Verticalement : (du haut en bas)** cheval ; **(du bas en haut)** poisson. *Chien*

5 d, c, b, e, a

6 1. girafe, 2. coq, 3. poule, 4. poisson, 5. chien, 6. vache, 7. chat, 8. lapin.

7 1. chien, 2. poules, 3. chat, 4. poisson, 5. éléphant, 6. oiseau, 7. loup, 8. girafe, 9. lion, 10. cochon, 11. coq

8 1 Le chat est plus rusé que l'âne. 2. La girafe est plus grande que l'éléphant. 3. La poule est moins intelligente que le singe. 4. La brebis est plus petite que la vache. 5. Le lion est aussi dangereux que le serpent. (Le serpent est aussi dangereux que le lion). 6. Le cheval est plus rapide que l'âne. 7. La vache est aussi utile que le cochon.

La vie en plein air
page 46

1 1. soleil, 2. fleur, 3. ciel, 4. lac, 5. pré, 6. arbre

2. Horizontalement : (de gauche à droite) montagne, fleuve, île ; **(de droite**

à gauche) colline. **Verticalement :** (du haut en bas) étoile, ciel, mer, soleil ; (du bas en haut) fleur, lune, pré, arbre, campagne. **Oblique :** bois, lac. *Pollution*

3 Il y a des fleurs dans un pré, des arbres et donc un bois ; derrière il y a un petit fleuve qui descend de la montagne, dans le fond il y a un lac, sur la droite il y a des collines. Dans le ciel respendit le soleil même s'il y a un nuage… et un avion. Un garçon et une fille courent.

4 la lune, les étoiles

5 1. lac, 2. île, 3. fleuve, 4. mer

6 1. fleurs, 2. arbre, 3. montagne, 4. bois, 5. campagne, 6. colline

7 1. le ciel, 2. le pré, 3. la lune, 4. le soleil, 5. l'étoile, 6. la mer, 7. la fleur

8 A. La mer, une île avec des arbres et le soleil. B. Des arbres, le lac et les montagnes.

9 1. arbre, 2. mer, 3. île, 4. fleur, 5. montagne, 6. lune

10 1. veut, pré, 2. peut , fleuve, 3. veulent, lac, 4. mer, peuvent, 5. île, devons

L'école   pagina 52

1 1. le tableau, 2. le bureau, 3. la corbeille à papier, 4. le sac à dos, 5. la table, 6. la chaise

2 1. colle, 2. cahier, 3. trousse, 4. gomme, 5. crayon, 6. feutre, 7. cahier de textes. *Ciseaux*

3 1. la règle, 2. la trousse, 3. le cahier, 4. le livre, 5. la feuille, 6. la gomme, 7. le stylo, 8. le cahier de textes

4 Horizontalement : (du gauche à droite) corbeille à papier, cahier de textes, tableau, classe, gomme, livre, feuille, bureau, ruban adhésif, crayon, sac à dos, chaise, feutre ; **(de droite à gauche)** table, stylo, taille-crayon. **Verticalement :** (du haut en bas) ciseaux, colle, règle ; (du bas en haut) trousse, cahier. *Le professeur (et) l'élève*

5 1. tableau, 2. feutres, 3. livre, 4. classe

6 1. le stylo, 2. la gomme, 3. la règle, 4. les ciseaux, 5. le cahier de textes

7 1c, 2a, 3d, 4b

8 1. cahier de textes, 2. classe, 3. cahier, 4. table, 5. crayon, 6. ruban adhésif, 7. colle, 8. bureau, 9. trousse, 10 sac à dos

9 1. écrivez, 2. ouvre, 3. mangez, 4. appelle, 5. parle, 6. étudiez, 7. marchons, 8. écoutons, 9. chantons, 10. jetez, 11. dessinez. *Compliments*

Les métiers   page 58

1 a. professeur, b. employé, c. paysan, d. maçon, e. acteur, f. infirmière, g. vendeur, h. avocat, i. garçon, j. mécanicien, k. ouvrier, l. policier, m. chef

2 Horizontalement : (de gauche à droite) maçon, ouvrier, avocat ; **(de droite à gauche)** électricien, acteur. **Verticalement :** (du haut en bas) mécanicien, médecin, professeur, garçon, infirmière, ingénieur, employé ; (du bas en haut) vendeur, chef,

paysan, policier, journaliste.
Quel est ton métier ? (Je suis) médecin.

3 1. chef, 2. policier, 3. électricien,
4. professeur, 5. médecin, 6. avocat

4 1. maçon 2. acteur, 3. mécanicien,
4. vendeur, 5. employé, 6. journaliste,
7. garçon, 8. infirmière

5 à l'intérieur : professeur, employé, ouvrier, serveur, vendeur, médecin, mécanicien, infirmière, chef, avocat, acteur ; **à l'extérieur :** paysan, maçon ; **à l'intérieur et à l'extérieur :** ingénieur, policier, électricien, journaliste

6 1. ouvrière, 2. serveuse, 3. boulangère,
4. coiffeuse, 5. patissière, 6. femme écrivain

7 1. Mme l'avocat, 2. La journaliste,
3. Mme le médecin, 4. Mme le professeur

8 1. ingénieurs, 2. vendeur, 3. ouvriers,
4. électricien, 5. professeurs, 6. serveuse,
7. paysans, 8. médecin, 9 acteurs,
10. journalistes, 11. avocat, 12. policier

En ville   page 64

1 1. cinéma, 2. café, 3. gare, 4. hôtel,
5. stade, 6. restaurant

2 1. la place, 2. le parc, 3. le trottoir, 4. la route, 5. le passage clouté

3 Horizontalement : supermarché, aéroport, café, gare, restaurant.
Verticalement : stade, parc, cinéma, hôtel, école. *La Samaritaine*

4 1. passage clouté, 2. place, 3. restaurant,
4. parc, 5. parking, 6. poste, 7. école,
8. hôpital, 9. supermarché, 10. trottoir,
11. route, 12. hôtel, 13. gare, 14. stade,
15. café, 16. magasin, 17. cinéma,
18. banque, 19. feu, 20. aéroport

5 1. feu, 2. passage clouté, 3. place,
4. trottoir

6 1. cinéma, 2. parking, 3. bureau de poste, 4. café, 5. supermarché,
6. banque

7 1. hôpital, 2. gare, 3. supermarché,
4. café, 5. cinéma, 6. hôtel

Les moyens de transport   page 70

1 1. camping-car, 2. vélo, 3. voiture,
4. train, 5. avion. *Métro*

2 Horizontalement : bateau à moteur, voiture, tram, métro, camion, navire, camping-car, hélicoptère, mobylette, bac. **Verticalement : (du haut en bas)** bateau, train, taxi, avion ; **(du bas en haut)** car, moto, vélo.
Bus. (Je) vais à pied.

3 Sur route : voiture, car, bus, vélo, mobylette, moto, camion, camping-car, taxi. **Sur rails :** train, métro, tram. **Sur (voie d') eau :** navire, bac, bateau, bateau à moteur. *(L')avion, (l')hélicoptère*

4 1. vélo, 2. voiture, 3. train, 4. car, 5. taxi,
6. mobylette

5 1. autocar, 2. métropolitain, 3. autobus,
3. vélocipède, 4. motocyclette

6 1. chez, en bus, 2. à la, en camping-car,
3. en, en train, 4. chez, à vélo, 5. à la gare, en mobylette

7 1. y, en voiture, 2. y, en avion, 3. chez, en tram, 4. y, à vélo, 5. y, en taxi, 6. y, en bateau

Les saisons et la météo page 76

1 1a. automne, 2d. hiver, 3c. printemps, 4b. éte

2 Horizontalement : (de gauche à droite) glace, printemps, vent, orage, pluie, arc-en-ciel, chaleur, automne ; **(de droite à gauche)** flaque. **Verticalement :** brouillard, foudre, froid, hiver, neige, soleil, nuage, été.
Grêle. (Quel) temps fait-il aujourd'hui ?

3 1. froid, 2. la neige, 3. grêle

4 À Paris il pleut. À Marseille il y a du soleil (il fait beau). À Strasbourg il neige. À Bordeaux il y a du vent. À Caen il y a du brouillard. À Nantes il y a de l'orage.

5
1. – Allô, je te téléphone de Paris.
   – Quel temps fait-il ?
   – Il pleut et chez toi ?
   – Ici il fait chaud, le soleil brille.
2. – Aujourd'hui il fait très chaud !
   – Bien sûr, il fait bien 30 degrés !
   – Dans le journal ils disent qu'il fait 20 degrés.
   – Mais c'est le journal d'hier !
3. – Rentrons à la maison.
   – Pourquoi ?
   – Regarde les nuages !
   – Il va y avoir un orage.
4. – Allô ? Où es-tu ?
   – Je vais arriver, mais il y a du brouillard.
   – Sois prudent !
   – Oui, ne t'inquiète pas.

6 hiver, printemps, été, automne

7 1. orage, foudres. 2. pluie, flaques. 3. soleil, arc-en-ciel

8 la pluie, la neige, la grêle

9 1. Il pleut. 2. Il fait froid. 3. Il neige. 4. Il y a du soleil. 5. Il y a du vent. 6. Il grêle. 7. Il y a du brouillard. 8. Il fait chaud.

Les actions page 82

1 1. écouter, 2. marcher, 3. parler, 4. regarder

2 1d, 2g, 3f, 4i, 5j, 6a, 7b, 8c, 9e, 10h.

3 1. écouter, 2. manger, 3. étudier, 4. marcher, 5. conduire, 6. arriver, 7. lire, 8. travailler, 9. ouvrir, 10. aller, 11. fermer, 12. habiter, 13. boire, 14. parler, 15. s'habiller, 16. partir, 17. acheter, 18. dormir, 19. écrire, 20. regarder

4 (ils) habitent, (il) boit, s'habille, va, ouvre, ferme ; (elle) étudie, parle, lire, écrire ; (ils) mangent, regardent

5 1. écouter, 2. fermer, 3. arriver, 4. boire, 5. travailler, 6. écrire

6 1. travaille, 2. étudie, 3. s'habille, 4. part

7 1. habites, 2. arrive, 3. dort, 4. marche

8. À 7.30 h Charles s'habille. À 8.00 h il va au bureau. À 8.30 h il parle avec ses collègues. À 10.00 h il travaille à l'ordinateur. À 13.00 h il mange. À 18.00 il arrive à la maison. À 19.00 h il mange. À 21.00 h il régarde la télé. À 22 h il dort.

Sommaire

La maison — page 4

La famille — 10

Le corps humain — 16

Les couleurs — 22

Aliments et boissons — 28

Les vêtements — 34

Les animaux — 40

La vie en plein air — 46

L'école — 52

Les métiers — 58

En ville — 64

Les moyens de transport — 70

Les saisons et la météo — 76

Les actions — 82

Solutions — 89